気持ちをつかむ
住宅インテリアパース

スケッチ力でプレゼンに差をつける！

松下高弘
+エムデザインファクトリー

著

彰国社

はじめに

　スケッチ力を高め、インパクトのあるプレゼンを提案しよう！

　住宅の設計をされている方は、クライアント（施主）との最初のヒアリングは、どのようにされているのでしょうか？　クライアントの要望やライフシーンなどをイメージしながら話を聞くことになるため、経験豊富な方は、その場でゾーニングのエスキースができれば、次回の打ち合わせでのプランの提案が容易になります。しかし、設計経験の浅い方は、打合せ後に、ヒアリングをもとに試行錯誤しながら、図面やパースを作成したプランで、初期のプレゼンを行うことになります。

　そのときのプラン作成は、CAD図面でなく、エスキース（スケッチ）図面と、余裕があれば、ラフパースも製作したいところです。とくに、図面を読むことになれていないクライアントに向けた初期のプレゼンにおいては、CAD図面よりも、わかりやすいエスキース図面とラフパースがあると、高いクライアントの満足度を期待できるのではないかと思います。

　また、コンペや他社と競合した場合のプレゼンにおいても、手描きの図面やパースは、クライアントの生活感や臨場感をオリジナルな表現で伝えることができ、インパクトを与えるという強みがあります。ラフな質感や色合い、あるいは個性的な表現が、CADを用いたCGパースよりも好まれる場合があります。また、プレゼンシートもインパクトのあるレイアウトで、クライアントの興味を引きつけたいものです。

　本書は、設計事務所、工務店、ハウスメーカーなどの設計者のために、CADと手描きのそれぞれよいところを生かした、やさしい手描きパースや平面図の描き方を紹介しています。
　難しいアングル（構図）のつくり方はCADにまかせ、下図をもとに手描きでスケッチをしていくコツを解説しました。このほか、クライアントに住宅デザインをわかりやすく説明できるプレゼンやカラーコーディネートのノウハウも、紹介しています。

　ぜひ、設計の実務やプレゼンの折々の段階において、スキルを向上させるためのお助け本として、末永くご愛用いただければ幸いです。

2019年1月　松下高弘

CONTENTS

3 **はじめに**

Chapter 1 パースをプレゼンに生かす

- 6 **1** CADと手描きのちがい
- 8 **2** CADと手描きのよいところを生かして魅力あるプレゼンを
- 8 **3** クライアントの気持ちをつかむ客前スケッチ
- 9 **4** 伝わるプレゼンとは
- 14 **5** どの場所をどのように描くか

Chapter 2 CADを利用した手描きパースの知識と描き方

- 16 **①** パースの特徴をつかむ
  - 16 **1** 1点透視図（1点透視のパース）
  - 16 **2** 2点透視図（2点透視のパース）
- 17 **②** パースの種類
- 19 **③** CADパースを出力して手描きパースを描く
  - 19 **1** 全体作業の流れ
  - 20 **2** 1点透視でパースを描く
  - 22 **3** 2点透視でパースを描く
- 24 **④** ゆがみやすいアングルは補正する
  - 24 **1** 狭いLDK 3点透視→2点透視
  - 25 **2** 吹き抜けのエントランスホール 3点透視→1点透視

Chapter 3 目的に合ったアングルと表現

- 26 **1** 整然としたシンメトリーな1点透視のアングル（ダイニング）
- 26 **2** 勾配天井がわかりやすい1点透視のアングル（ベッドルーム）
- 27 **3** 迫力と動きのある2点透視のアングル
- 28 **4** 人の動作による視線を考え効果的なアングルを選ぶ
- 30 **5** 室内全体を見せる4つの図法のアングル
- 32 **6** アイソメ図と鳥瞰パースの比較
- 33 **7** 各図法の長所と短所

34 **COLUMN** 道具の種類と使い方

Chapter 4 スケッチ力を身につける

- 38 **①** 定規とフリーハンド
  - 38 **1** 直線
  - 39 **2** 陰影表現
  - 39 **3** いろいろな立体と陰影
  - 40 **4** 陰と影のちがいを知ると、より立体感を表現できる
- 42 **②** デザインイメージに合ったスケッチパースを描く
  - 42 **1** 定規で描く：シンプルでシックなデザイン
  - 43 **2** フリーハンドで描く：自然素材を使った柔和なデザイン
- 44 **③** 家具は箱を描いて立体感をつかむ
  - 44 **1** 1点透視の箱と家具
  - 45 **2** 2点透視の箱と家具
  - 46 **3** 1点透視のCADパースに斜めに置いた家具を作図する
- 48 **④** 室内部位や家具の寸法
  - 48 **1** 室内部位
  - 50 **2** キッチン
  - 51 **3** ダイニング
  - 51 **4** リビング
  - 52 **5** 子ども室・書斎（机と椅子）
  - 52 **6** 寝室
  - 53 **7** 和室
  - 53 **8** 浴室
  - 54 **9** トイレ
  - 54 **10** 洗面化粧台
  - 54 **11** 洗濯機
  - 55 **12** 収納家具
  - 55 **13** エアコン・暖房器具
  - 56 **14** テレビ・録画機器
  - 56 **15** 楽器

- 57 **5 いろいろな家具の描き方**
  - 57 1 四角い家具
  - 58 2 丸い家具
  - 60 3 やわらかい家具と固い家具
- 62 **6 素材のテクスチャー (質感) の表現**
  - 62 1 カーテン
  - 62 2 シェード、ブラインド
  - 63 3 ラグ
  - 64 4 床と壁
  - 66 5 テクスチャー (質感) を実例パースで見る
- 68 **7 観葉植物と小物を描く**
  - 68 1 観葉植物の樹形や葉の描き方
  - 69 2 鉢や花瓶の描き方
  - 69 3 いろいろな観葉植物
  - 70 4 いろいろな小物の表現
- 71 **8 人やペットを描いて生活感を演出する**
  - 71 1 人物のプロポーションと姿勢
  - 73 2 ペットを描く
- 74 **9 パースがよくなる人物、家具、小物の配置**
  - 74 1 吹き抜けと床に高低差のあるLDK
  - 75 2 見栄えのよいエントランスホール
- 76 **10 クライアントの気持ちをつかむ「客前スケッチ」の描き方**
  - 76 1 簡略「グリッド図法」のラフスケッチ
  - 79 2 客前スケッチの描き方
- 81 **11 平面図はCAD図を下敷きにして味のあるタッチで描く**
  - 81 1 定規を使って鉛筆のタッチを生かす
  - 82 2 フリーハンドのペンスケッチで生活感をイメージさせる
- 83 **12 リフォームに役立つ現場写真を利用してパースを描く**
  - 83 1 現場を撮影する
  - 83 2 アイレベルと消失点の設定
  - 84 3 下図をつくる
  - 84 4 スケッチをする
  - 84 5 色付けで完成

Chapter 5 カラーリングのテクニック

- 85 **1 いろいろな画材とその特徴**
- 86 **2 失敗の少ない色鉛筆はハッチング技法で**
  - 86 1 種類と線のタッチ
  - 86 2 塗り方の手順
- 88 **3 短時間で仕上がるマーカー**
  - 88 1 種類と塗り方
  - 88 2 着彩手段
- 90 **4 画材を組み合わせて使う**
  - 90 1 テクスチャー (質感) がリアルになるマーカーと色鉛筆
  - 91 2 広い面をパステル、陰影は色鉛筆で
- 92 **5 臨場感のある透明水彩絵の具の着彩**
- 94 **6 さまざまなテーマをもったパースの紹介**
  - 94 1 お部屋に飾る「住まいの絵」
  - 95 2 ペットのいる生活を表現
  - 96 3 異文化をイメージさせる
  - 96 4 商品開発プレゼン用パース

Chapter 6 プレゼンに役立つカラーコーディネート

- 98 1 ナチュラル
- 98 2 カジュアル
- 99 3 エレガント
- 99 4 クラシック
- 100 5 シック・モダン
- 100 6 クリア

101 **付録 パースガイド**

107 **おわりに**

Chapter 1
パースをプレゼンに生かす

住宅のプレゼンテーション（以下プレゼン）には、社内、社外などさまざまな段階、内容、目的がありますが、完成イメージをクライアント（施主）と共有するために行うプレゼンは案が具体的に次につながるか、仕事をとれるかにかかわる大事な機会です。そのときに決め手になるものの1つがパースです。パースは主にCADや手描きで作成されますが、それぞれの特徴を理解することで、よりよいパースを作成することができます。

1　CADと手描きのちがい

まず、CADと手描きのそれぞれの特徴を整理してみます。

CADパース

- 平面図と屋根伏せ図を入力するだけで、立面図やパースが出力できる
- 図面やパースの修正も入力作業で行い、きれいに出力することができる
- 製作者によって仕上がりのグレードがまちまち。生活感のない無機質なイメージパースになりがち
- 他社とプレゼンが競合した場合、同じような仕上がりになってしまいインパクトに欠ける
- モデリング（パース作成）が簡単にでき、東西南北に回しながら、アングルが検討できる
- 固まっていない図面でのモデリングは、かなり入力作業が難しい
- 家具の素材が少ない。素材をそろえていないと、クライアントのさまざまな要望に応えるパース製作が難しい

手描きパース

- 作図において図法の理解が必要
- 修正作業において、描き直しなど手間がかかる
- デザインが固まっていないエスキース(スケッチ)段階であっても、製作が可能
- デザインに制限がない。家具のイメージ、種類は製作者次第で無限

こうした特徴から、CADパースと手描きパースを併用して、互いを上手に取り込み、プレゼンに生かす方法を考えてみましょう。

手描き

2　CADと手描きのよいところを生かして魅力あるプレゼンを

CADと手描きのよいところを併用したパースの描き方を、以下のように考えてみました。

1. **CADでパースのアングルを決めて、線画パースを出力する**
2. **線画パースの上にトレーシングペーパーをのせてスケッチを描き、それをコピー機で印刷する**
3. **印刷した線画パースにカラーリング（着彩）をする**（Chapter5参照）

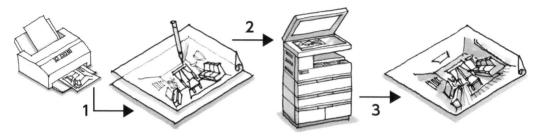

CADは、いったん条件を入力をしてしまえば、いろいろな角度や視点の高さを設定することで、さまざまなパースアングル（構図）を見ることができます。これは、手作業でパースを作図するよりも、はるかに効率がよく便利です。

他方、仕上げの色調整や家具、小物をモデリングして配置する作業は、光源設定の技術や家具の素材が充実していないと大変難しいものです。こちらは手描きのほうが自由度が高く、またかかる時間も短いと考えます。初期の計画で詳細が決まっていないときなどには、手描きが適しているのです。

3　クライアントの気持ちをつかむ客前スケッチ

最近、ハウスメーカーから「客前スケッチ研修はできないものか?」との相談をよく受けます。
設計者がクライアントと打ち合わせをしているとき、図面からデザインを理解することになれていないクライアントに、設計者がクライアントの前で、パースやイラストを描いて説明するのです。これによってクライアントは、具体的にデザインを理解し、質疑と回答を繰り返すことによって、設計者を信頼し、安心感を得ることができるので、ハウスメーカーはとてもこの「客前スケッチ」を重視しています（客前スケッチの描き方は、p.76～80参照）。
よく設計者から、「パースは上手に描けない」と聞きます。専門職の筆者はパースやイラストを描く際には、とくにきれいに見えることに気を使います。最終段階のプレゼンパースにおいては、とくに見た目は重要です。しかし、打合せの段階のラフパースにおいては、クライアントは、パースの上手、下手はそれほど気にしていないと思います。
むしろ、自分の理想や要望が取り入れられているか、具体的に相手が理解しているかを重視しています。
勇気を出して積極的に客前スケッチを描くことを筆者は提案します。

客前スケッチの描き方

1 部屋のボリュームを出す

2 開口部、家具を入れる

3 陰影をつけて完成

客前スケッチは逆さまに描かなくてよい

客前スケッチと聞いて、クライアントの対面に座り、パースを逆さまに描くことを想像された読者の方は、多いかもしれません。「逆さまに描くなんて難しい!」と思われたのではないでしょうか?

その難しさを解決できる方法があります。クライアントに対して45°の向きに座ってしまえば逆さまに描く必要はありません。このとき設計者はクライアントの右側に座るように気をつけます。設計者の利き手が右の場合は、右手で描くパースを左側にいるクライアントが見やすくなるからです。打合せの回数が増せば増すほど、クライアントと設計者の間に親近感が生まれます。設計者がクライアントのために、一生懸命描いて説明する気持ちがあれば、その気持ちは、クライアントに伝わります。

4 伝わるプレゼンとは

プレゼンにおけるパースの大切さについては、ご理解いただけたかと思います。またプレゼンにはパースだけでなく、平面図や断面図、そのほか解説をするための文章、言葉が必要です。

では、クライアントにデザインを提案するとき、どうすればクライアントにわかりやすく、意図したことが伝わるプレゼンができるのでしょうか?
筆者の経験から、プレゼンの大切な3つのポイントをお話しします。

⟫⟫⟫ プレゼンの3つのポイント

❶ イメージを伝える

設計者が一番強調したい大事なところを、イメージ写真やパース、イラストなどを使ってビジュアルに説明することは重要です。図面の見方になれていないクライアントにとって、デザインイメージをきわめてわかりやすく伝える方法として最適です。

❷ レイアウトを工夫する

プレゼンシートを見るときのクライアントの視線は、大きな画像から小さな画像へと移ります。そこで、デザインを強調するためのイメージ写真やパースは大きく取り扱い、図面、説明文の順に視線が移動するようにレイアウトすることで効果を発揮します。とくに言葉によるプレゼンがない場合でも、クライアントがデザイン内容の印象を強く受ける、わかりやすい有効な方法です。

❸ 情報を整理し簡潔な言葉で表現する

せっかく要望を取り入れたデザイン提案になっていても、それがクライアントに伝わらなければプレゼンの意味がありません。デザイン意図がひと目でわかるタイトルやサブタイトル、イラストのアイコンを使って、クライアントに伝えましょう。

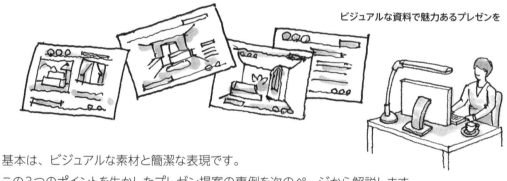

ビジュアルな資料で魅力あるプレゼンを

基本は、ビジュアルな素材と簡潔な表現です。
この3つのポイントを生かしたプレゼン提案の事例を次のページから解説します。

⟫⟫⟫ プレゼンの事例

実際に、クライアントに向けたプレゼンの事例を見てみましょう。

【事例1】 新築戸建て住宅

資料は、間取り平面図（イラストタッチで作成）とパースを製作しました。パースは1カットで、エントランス脇の作業場を選び作図しました。家族全員の趣味が生かせる内容を盛り込んでいます。

1 パースをプレゼンに生かす

エントランスホールとつながる
室内のパース

家族構成と各々の趣味
- 夫(38歳、商社勤務)
 ドライブ、日曜大工
- 妻(35歳、パート)
 陶芸細工
- 子ども(姉、9歳、小4)
 木工&陶芸細工
- 子ども(弟、6歳、小1)
 水泳(プール)

1階平面図

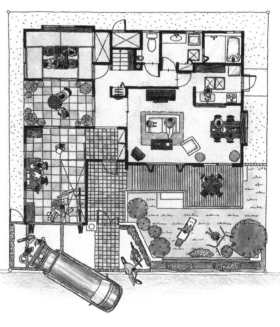

2階平面図

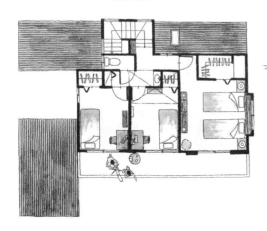

前ページの資料をレイアウトしたものが以下の「プレゼンシート」です。
ヘッダーにメインタイトルとサブタイトル、フッターに表題と会社名を入れることで、まとまりやすくなります。また、図やパースの縦、横ラインをそろえることで、すっきりとした、きれいなレイアウトに仕上がります。

凡例と各部の注意点

アイコン
タイトルの内容をアイコンで示し、イメージを強調する

メインタイトル
クライアントの一番関心のあるところをタイトルにする

サブタイトル
新聞のように「小見出し」をつけてデザイン内容をわかりやすくする（10〜20文字程度）

説明文
デザインの内容を具体的に解説。あまり長いと読んでもらえないので、簡潔に40〜50文字程度に抑える。小さな文字は禁物

表題、会社名
フッターには、左側に表題、右端に会社名を入れる（左から右に文字を読むため）

オリエンテーション（方位）、スケール棒
平面図には必ず、オリエンテーション、寸法のわかるスケール棒か縮尺を入れる

キャプション
図面、パースには必ず、キャプションをつける

【事例2】 マンションのリフォーム

もう1つの事例はマンションのリフォーム案です。家族構成と各々の趣味を以下にまとめます。
全体図（Before、After）2点と、主なリフォーム位置となったダイニング、玄関脇納戸、和空間のパース3点をレイアウトしています。

家族構成と各々の趣味
- 夫（60歳、作家）：旅行、模型製作
- 妻（57歳、商社勤務）：旅行、映画鑑賞
- 子ども：社会人となり、独立

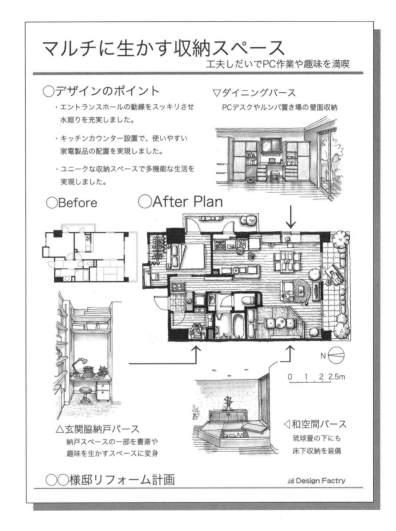

- 1枚でBefore、Afterを見せる
- Before Planよりも、After Planを、親しみやすいイラストタッチとして、大きく扱う
- 部位の説明は、図面は省略してパースのみ。文字は20文字前後で簡単にまとめる
- 部分パースは、平面図のどの位置になるのかがわかるように、矢印で対応を示す

以上のことに気をつけてプレゼンシートを作成しています。

 One Point　見る人の視線を意識したレイアウトを考えよう

プレゼンシートでは、見せたいもの、上の例ではAfterの図をもっとも大きくします。プレゼンシートを見るときの人の視線は、写真やパース、イラストなどの画像では、大きいものから小さいものへ、文字では、メインタイトルからサブタイトル、キャプション、解説へと移っていくと考えましょう。
こうした視線の動きを意識し、素材を配置して、意図が伝わるよう視線を誘導します。

5 どの場所をどのように描くか

パースは、生活の様子がわかりやすいことが大事なので、どの場所をどのように描くかが大切です。意図に合った構図や描き方を選びます。「なぜ、このパースを描いたのか」という目的がわかるようにします。

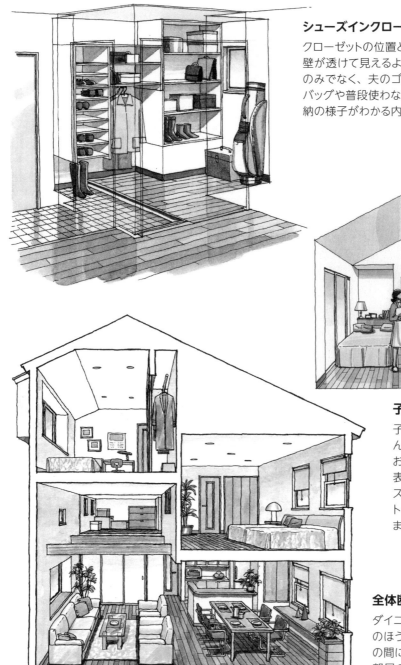

シューズインクローゼット

クローゼットの位置とスペースがわかるように、壁が透けて見えるような表現にしています。靴のみでなく、夫のゴルフバッグやコート、妻のバッグや普段使わないものを詰めた箱などの収納の様子がわかる内容としています。

子ども室のロフトスペース

子どもが友だちとロフトで遊んでいるところに、母親がおやつを持ってきたシーンを表現しています。断面パースにすることで天井高やロフトの位置がわかりやすくなります。

全体断面パース

ダイニングよりもリビングの天井のほうが高いことや、1階と2階の間に収納スペースがあるなど、部屋の位置関係がわかりやすい断面パースです。

キッチン

1点透視のパース (p.16参照) は、アイランドキッチンの様子がわかりやすいアングルになります。シャープな線とハッチングでの陰影表現は、モノクロ仕上げに効果的です。

断面図

立体感のない断面図も、躯体断面部分をハッチング表現するだけでメリハリが出ます。また、家具や観葉植物を入れることで生活感が生まれます。人物を追加すると、なお一層の効果が発揮できます。

子ども室

子どもの1人が小学生から中学生になり、1室を2分割する間仕切壁をつくるリフォームの提案パース。2つの部屋がよくわかるように、間仕切壁は、シースルーの表現にしました。

Chapter 2 CADを利用した手描きパースの知識と描き方

Chapter1で説明したように、CADパースの線画出力を下敷きにして手描きパースを描くことは、遠近法の作図をせずCADが構図をつくってくれるので、ゼロから作図するよりかなり楽です。一方でCADパースの線画出力に手描きで家具やラグなどの細部をスケッチするとなると、けっこう難しいものです。そのために、簡単なパース（透視図）の法則を身につけましょう。

1 パースの特徴をつかむ

1 1点透視図（1点透視のパース）

図は、左が平面図、右は左の平面図を矢印の方向から見た室内パースです。平面図において左右の壁の奥行き方向（矢印方向）にある床、天井、家具の水平な線は、パースでは必ず1点に向かいます。パースの大きな特徴に、「平行なものどうしの線は、必ず1点で交わる」という法則があります。この交わる点を消失点（VP、バニシングポイント）といいます。また、消失点は必ず地平線（水平線）上にあります。この地平線上のラインをアイレベル（EL）＊といいます。また、間口方向は平行になっていますが、消失点が1つなので1点透視図または1点透視のパースといいます。

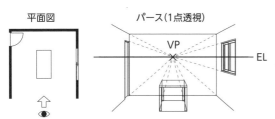

＊アイレベル（EL）：ホリゾンタルライン（HL、地平線、水平線）とする解説書もあります。

2 2点透視図（2点透視のパース）

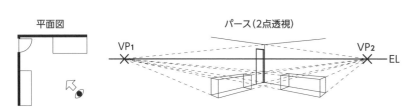

図は左が平面図、右は平面図を矢印の斜め左方向に見た室内パースです。このパースのように、右側の

壁の床、天井、家具の線は左のVP₁に向かい、右の壁の床、天井、家具の線は右のVP₂に向かいます。斜めに見ることで消失点が2つとなるため、2点透視図または2点透視のパースといいます。1点透視、2点透視の壁の高さ方向は鉛直になります。床、壁の入隅のように平行なものどうしは必ず消失点の1点に交わること、アイレベル上に消失点があることを覚えておきましょう。

2 パースの種類

下表は、パースの種類を、平面図、断面図、視線の高さと方向、見え方で整理したものです。1点、2点透視は、床面や天井面と平行に見ることが条件です（断面図より）。このほか消失点が3つあるパースがあります。3点透視図（3点透視のパース）といいます。断面図の視線が①見上げる場合や、②見下ろす場合に、それぞれ上下にVP₃が現れます。

パースの種類

	1点透視図	2点透視図	3点透視図
視点の方向	平面図／断面図	平面図／断面図	平面図／断面図
① 視点が低い	VP₁（EL上）	VP₁ VP₂（EL上）	VP₁ VP₂（EL上）、VP₃（上）
② 視点が高い	VP₁（EL上）	VP₁ VP₂（EL上）	VP₁ VP₂（EL上）、VP₃（下）
	壁面に向かって直角に見る 消失点が1つ	壁面に向かって斜めに見る 消失点が2つ	壁面に向かって斜めに見上げたり、見下ろしたりする 消失点が3つ

同じ室内の線画パースで、1点、2点、3点透視のちがいを比べて見てみましょう。また、椅子に座ったときの目の高さが1200mmのため、室内パースはEL=1200mmといわれていますが、本書では、床面を広く見えるようにして見栄えをよくするために、人が立った視線のEL=1500mm にしています。

各パースの見え方のちがい

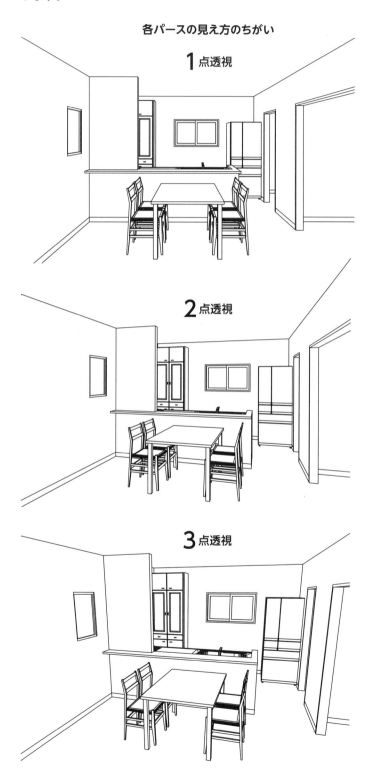

CADは3点透視が基本 One Point

CADで、パースアングルを出すときに、最初に見るアングルは3点透視になっているのではないでしょうか？
実は、CADパースはあらゆる角度から立体的に検討できるため、3点透視として作図されます。ぐるぐる回して自由自在のアングル設定ができるため、見上げる場合や見下ろす場合のアングルを多く見ることになります。p.17の表のように、3点透視は高さ方向が斜めになり、ゆがんで見えるため、本書のような作図方法を使う場合は、高さ方向は垂直になる1点透視や2点透視に近づいたアングルにしてから使うようにしましょう。

3 CADパースを出力して手描きパースを描く

出力したCADパースを下敷きにして、スケッチパースを描いてみましょう。
まずは、全体作業の流れを理解しましょう。

1 全体作業の流れ

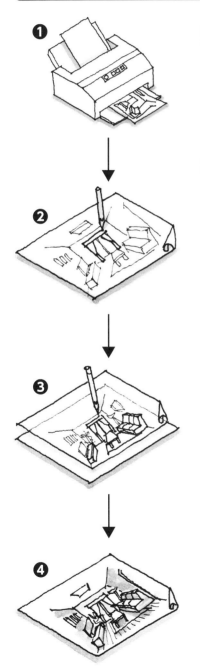

❶ CADパースを線画で出力する

アングルを設定し、CADパースを線画で出力します。特別に3点透視で見せたいアングルでないかぎり、1点または2点透視のアングルに設定してから出力しましょう。

❷ パースの下図を作成する

❶で出力したCAD線画パースに家具のデザインやカーテン、小物などを鉛筆やシャープペンシルを使って描き入れます。

❸ スケッチをする

❷の下図の上にトレーシングペーパーをのせ、フリーハンドでなぞってスケッチします。

❹ スケッチを仕上げる

❸のスケッチをコピー機で使用したいサイズにプリントしてから仕上げます。仕上げは、カラーとモノクロの2種類あります。

● **カラー仕上げ**

マーカーや色鉛筆でカラーリング（着彩）します。パステルはやわらかい雰囲気で仕上げることができます。また、水彩は、絵の具を混色して自由な色をつくることができます（Chapter5参照）。

● **モノクロ仕上げ**

鉛筆でハッチング技法を使って描くとシャープでこなれたイメージに（p.42〜43参照）。

それでは、いよいよパースを描きます。作業手順を具体的に解説します。

2 1点透視でパースを描く

❶ 消失点を1つにしてCADパースを線画で出力する

図のように、平面図の視点方向から見た描きたいパースをEL=1500mmの1点透視の設定でCADで出力します（実際は3点透視ですが、1点に見えるように補正します。以下この説明は省略します）。 CADによっては、アイレベルの数値入力が難しい場合は、天井高から割り出し、できるだけEL=1500mmに近いアングルで出力します。なお、実際に入れたいデザインの家具でなくてもよいので、部屋に家具をレイアウトして出力しておくことであとの作業がしやすくなります。

平面図

視点方向

線画で出力したCADパース

❷ 消失点とアイレベルの位置を出しておく

図のように、壁と床の線から消失点を求め、アイレベル（1500mm）の水平線を引きます。床、壁面の奥行き方向の入隅やそれぞれの家具の奥行き方向は消失点に向かいます。

消失点、アイレベルを求める

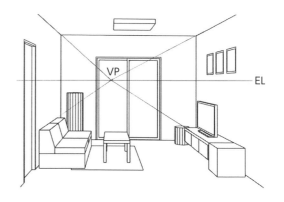

❸ 家具やカーテン、小物などの下描きをする

カーテン、照明、観葉植物や小物などの下描きをします。また、フローリングの板の幅は、奥が狭く、手前が広くなるように当たりをとっておきます。これで下図ができあがります。

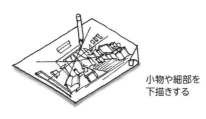

小物や細部を下描きする

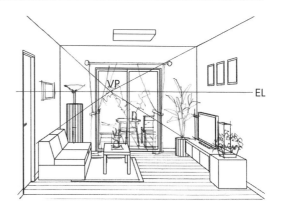

❹ フリーハンドでスケッチをする

❸の下図の上にトレーシングペーパーをのせ、フリーハンドでなぞってスケッチをします。手前から奥の順に描いていきます。

例）左側：花瓶と花 → クッション、ソファー → スタンド照明 → カーテンの順

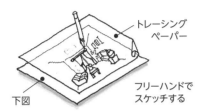

❺ カラーリング（着彩）をして仕上げる

コピーをとってマーカーや色鉛筆などでカラーリング（着彩）します。明るい面、広い面（床、壁）→家具や小物などの順で着彩します。最後に影を入れて引き締め、完成です（詳細はChapter5）。下のパースはマーカーで着彩しています。

完成したパース（マーカー）

3 2点透視でパースを描く

❶ 消失点を1つにしてCADパースを線画で出力する

図の平面図の視点方向から見たように、斜めに見た2点透視でCADパースを出力します。1点透視と同様に、EL=1500mmに近づけたアングルにします。
見る方向があまりにも斜め過ぎると、床が右下がりになって傾いて見えるので気をつけましょう。

平面図
視点方向

線画で出力したCADパース

❷ 消失点とアイレベルの位置を出しておく

右図のCADパースのように消失点の位置を出し、アイレベルの水平線を引きます。
1点透視と同様に各々平行な奥行き方向の線は消失点に向かいます。

消失点、アイレベルを求める

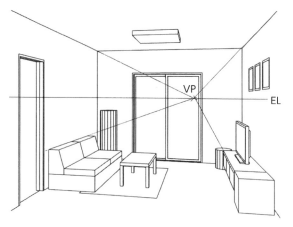

❸ CADパースをもとに下図をつくる

❷のCADパースの上から、鉛筆で家具や小物などの下描きをします。

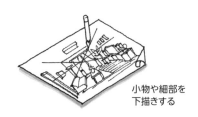
小物や細部を下描きする

❹ スケッチをする

❸の下図の上にトレーシングペーパーをのせ、鉛筆を使ってフリーハンドで描きます。手前から奥の順に描いてスケッチを完成させます。

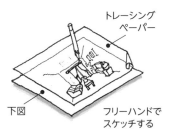

スケッチパース

❺ モノクロで仕上げる

スケッチのコピーをとり、HBやB程度の鉛筆でハッチング技法を使って細部を描きます。図のように家具の影は、直下に落とします。

ハッチング技法で仕上げたパース（鉛筆）

4 ゆがみやすいアングルは補正する

室内パースにおいてCADでアングルを決めるとき、3つ消失点のあるゆがんだアングルは壁が斜めに見えるなど室内の形状がわかりにくいことがあります。そのため、できるだけ1点透視や2点透視に見えるようにして出力するというお話をこれまでにしました。とくに狭い部屋や吹き抜けなどは少しのゆがみも大きく印象を左右するため、アングルの選び方に注意が必要です（p.25、One Point参照）。

1 狭いLDK　3点透視→2点透視

狭い部屋のパースアングルは3点透視だとゆがみがきつく見えます。できるだけ2点透視や1点透視に近いアングルにして出力します。下は同じLDKの間取りを3点透視と2点透視で出力したものです。2つのパースを見比べてみましょう。

❶ 3点透視のパースアングル

見下ろしているので天井方向は広がり、左右の壁面は傾いて見えるため、ゆがんで四角い部屋に見えません。

平面図

視点方向

❷ 2点透視のパースアングル

奥正面の壁面に対して左右の壁が直角に見えているので、壁の立ち上がりは垂直になり、落ち着いて自然に見えます。

2 吹き抜けのエントランスホール　3点透視→1点透視

吹き抜けなどの天井の高い部屋のアングルは、吹き抜け部分まで見せたいため、3点透視で出力してしまいたくなりますが1点透視に近いアングルで出力しましょう。なお、下の図では3点透視は視点がホール内階段に近い位置にありますが、1点透視はホールから少し引いています。2つのパースを見比べてください。

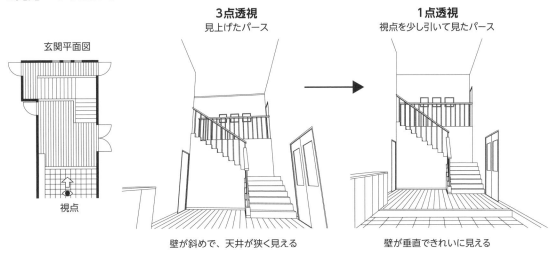

 平面図をひと工夫することで1点透視のアングルを出せる

室内に視点を置いてパースアングルを出そうとすると、3点透視のゆがんだアングルになってしまいますが、A平面図やB平面図のように、壁を取り除くことや、架空の壁設定をすることで、視点を室外に設定してアングルを決めることができます。

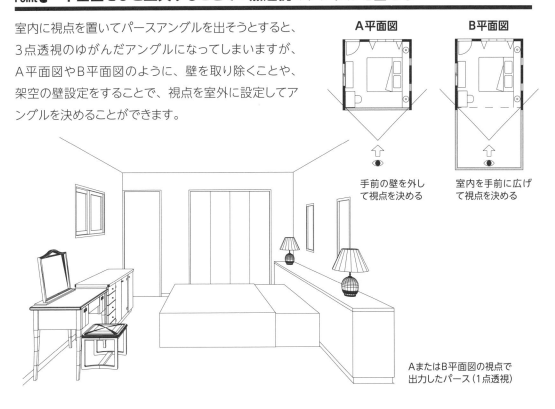

Chapter 3
目的に合った アングルと表現

クライアントに室内のデザインを説明するための、効果的なパースアングルの見つけ方と表現方法を解説します。以下には手描きのパースと、そのベースとなっているCADの下図を示します。

1 整然としたシンメトリーな1点透視のアングル（ダイニング）

下図CADパース（1点透視）

図のように、室内のデザインがシンメトリーな場合は、デザインの内容が見やすく、きれいに見えて、消失点（VP）が絵柄のセンターにくる1点透視のアングルが適切です。展開図に奥行きをつけたイメージなので、腰高やテーブル、椅子のサイズがわかりやすいことも大きな特徴です。

シンメトリーなデザインには、1点透視がきれいにまとまる

2 勾配天井がわかりやすい1点透視のアングル（ベッドルーム）

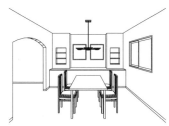

勾配天井のある室内は、2点透視のアングルでは、天井と床が斜めに見えてしまい、不安定なイメージになってしまうため、1点透視のアングルにします。天井の勾配もわかりやすくなります。

下図CADパース（2点透視）
床が斜めで不安定に見える

勾配天井の傾斜がわかる1点透視

3 迫力と動きのある2点透視のアングル

❶ ダイニングキッチンとその周辺を見せる

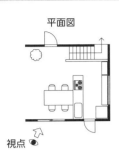
平面図
視点

構図に迫力や動きを出す

ダイニングキッチンを1点透視で見せるアングルは、よく見かけます。もちろん室内空間を見せるうえでは、1点透視は問題ないのですが、右の図のパースのように、ダイニングテーブルから対面キッチンを見せる2点透視のアングルにすることで、各々のつながりやキッチン周辺のデザインも、わかりやすく見せることができます。また、消失点が1つより2つのアングルのほうが、構図に迫力や動きを出すことができます。

❷ リビングルームからダイニングルームを眺め2室のつながりを見せる

メインはリビングルームであっても、その隣のダイニングルームとのつながりを見せることが大切です。このアングルにするには、2点透視がおすすめです。手前のテレビやテレビ台は描かず、LDKの空間の広がりを見せるようにしましょう。

平面図

視点

透かして見せる One Point

左の図のパースのように、右側の壁に隠れているダイニングルームを見せたい場合は、壁を透かして表現するとよいでしょう。あらかじめCADパースに入力しておくと下図の上からスケッチするときに便利です。

空間の広がりを見せる

4 人の動作による視線を考え効果的なアングルを選ぶ

一般に、人が立ったときのアイレベル（EL）は、1500mm。椅子に座ったときのアイレベルは、1200mmです。各々のアイレベルのちがいで室内の見え具合がどう変わるかを、見比べてみましょう。また、吹き抜けなどの天井が高い場合のアングルも工夫が必要です。

❶ 人が立ったときの視線（1点透視・EL=1500mm）

一般に、EL=1500mmの1点透視のパースは、人が立って見たときのアングルになります。天井よりも床面が広く見えるため、重心が下がり、安定したアングルになります。左図のように、立っている人の目の高さは、アイレベル上に位置します。ソファーに座った人の目の高さは、おおむね1000～1100mm程度になります。

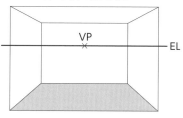

床と天井の見え具合

天井より床が広く見え、安定感がある

❷ 人が座ったときの視線（1点透視・EL=1200mm）

今から30～40年ほど前の1部屋を見せる室内パースのアイレベルは、椅子に座った目の高さの1200mmがよく見受けられました。ところが、天井高が2.4mの場合のインテリアパースでは、床と天井の広さが同じように見えてしまい、床の見え具合が少なく、広がりを感じません。現在では、あまり見かけなくなりました。

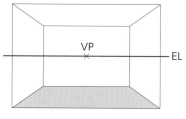

床と天井の見え具合

天井と床の見え具合が同じで床の広がりが少ない

❸ 人が見下ろした視線（2点透視・鳥瞰パース・EL=3000mm）

吹き抜け天井のあるリビングパースのように、リビングの広さや開口部、壁面のデザインなど、部屋全体の内容を見せるアングルとして鳥瞰パースは効果的です。CADでアングルを決めるときは、階段の手すりを手前に配置することで吹き抜け天井が高いことを表現でき、テレビ台などの奥の家具を手前の手すりと重ね合わせる遠近法（重ね遠近法）を用いることで、見栄えのよいアングルになります。

One Point 見栄えのよいパースになるようにアングルを演出する

右の図のCADパースの段階で、アングルを決めるとき、階段の手すりと奥のソファーやテレビの重なりが多い場合は、階段を手前にずらすなど修正することでデザインがわかりやすいパースになり、見栄えもグッとよくなります。

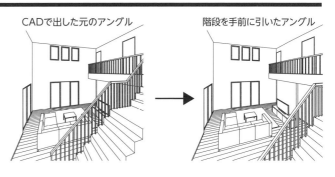

CADで出した元のアングル　→　階段を手前に引いたアングル

5 室内全体を見せる4つの図法のアングル

平面図のプレゼンは、室内全体を立体的な図法で見せることができます。4つの図法による表現を紹介します。それぞれの特徴を比べてみましょう。

❶ アクソメ図（アクソノメトリック図：axonometric）

平面図を傾け、高さを図面のスケールと同様に、そのまま垂直に立ち上げて立体的に見せる図法を「アクソノメトリック図」といい、これを略称で「アクソメ図」と呼んでいます。アクソメ図は、図Aのように左60°、右30°に傾けたものや、図Bのように左右の傾きを45°にしたものもあります。

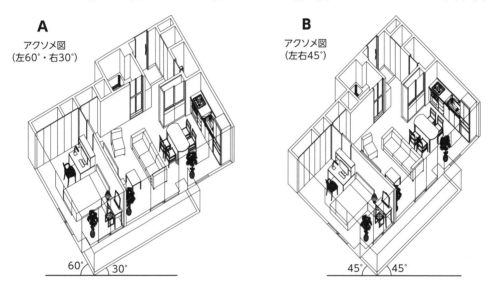

A　アクソメ図（左60°・右30°）

B　アクソメ図（左右45°）

❷ アイソメ図（アイソメトリック図：isometric）

平面図の直角部分の90°を120°にして図面を立体的に描く方法を「アイソメトリック図」といい、これを略称で「アイソメ図」と呼びます。高さ方向は、図面のスケールと同様で、垂直に立ち上げます。図Cのように、アイソメ図は、高さ方向のサイズは、手前でも奥でも図面と同じスケールで立ち上げることができます。また、左面、右面、上面の3面が見えるのに、平行なものどうしは平行のままで表現するため消失点がまったくありません。そのため、透視図法（パース図法）よりも容易に作図しやすい利点があります。

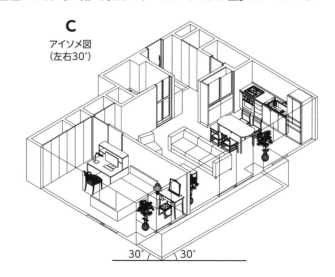

C　アイソメ図（左右30°）

アイソメ図は、図面の角の90°を120°で表現するため、パースに近いイメージになります。アクソメ図は図面をそのまま立ち上げるため、高さ方向が強調された縦長のイメージになります。

❸ 1点透視の鳥瞰パース

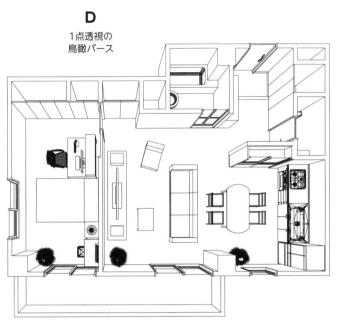

D
1点透視の
鳥瞰パース

平面図を立体的にした間取り図でわかりやすい

図Dのように、平面図の中に消失点を置き、消失点から壁を真上に立ち上げたパースを「1点透視の鳥瞰パース」といいます。「1点透視の俯瞰図」ともいわれています。平面図をそのまま立体的にしたイメージになり、部屋数が多い場合などに部屋の隅々まで見やすく、クライアントにわかりやすいアングルです。キッチン脇のトイレの便器などを見えるように描き加えると、もっとわかりやすくなります。

❹ 2点透視の鳥瞰パース

図Eのように、平面図を斜め上から見たイメージパースを「2点透視の鳥瞰パース」といいます。手前の部屋が大きく見え迫力のあるアングルですが、1点透視の鳥瞰パースよりも壁に隠れて部屋の内部が見えにくくなるため、手前の壁は透かして（シースルー）見せることや、低くすることで、できるだけ部屋の内部を見せる工夫が必要となります。集合住宅などの広告宣伝用として、よく使われることの多いアングルです。

E
2点透視の
鳥瞰パース

手前の壁を透かして部屋の内部をよく見せる

6 アイソメ図と鳥瞰パースの比較

アイレベルの1点透視で描かれたパースは、その室内のデザインイメージを見せるアングルですが、アイソメ図や鳥瞰パースは表現次第で、全体空間をクライアントにわかりやすく表現でき、また、説明に適したアングルになります。

❶ 勾配天井にトップライトがあるダイニング

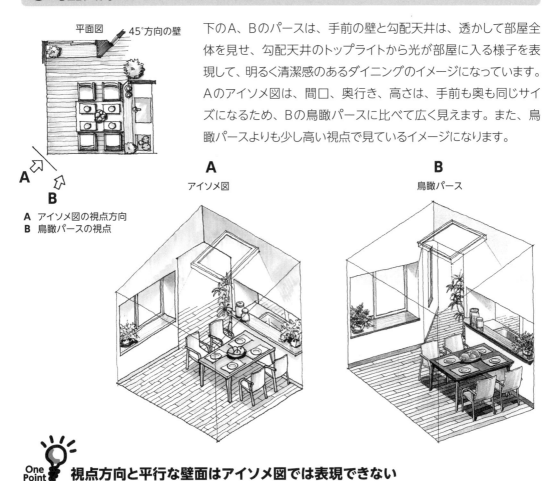

下のA、Bのパースは、手前の壁と勾配天井は、透かして部屋全体を見せ、勾配天井のトップライトから光が部屋に入る様子を表現して、明るく清潔感のあるダイニングのイメージになっています。Aのアイソメ図は、間口、奥行き、高さは、手前も奥も同じサイズになるため、Bの鳥瞰パースに比べて広く見えます。また、鳥瞰パースよりも少し高い視点で見ているイメージになります。

A アイソメ図の視点方向
B 鳥瞰パースの視点

A アイソメ図
B 鳥瞰パース

One Point 視点方向と平行な壁面はアイソメ図では表現できない

右の平面図は立方体と直方体が並んでいます。視点方向から見た場合に、アイソメ図のように視点方向と奥行きが平行の直方体は、正面と上面は見えますが、側面を見ることができないので注意が必要です。上図の例では、平面図の奥にある出窓右側にある壁面は、視点方向と平行の方向のため、アイソメ図では見えなくなりますが、鳥瞰パースでは表現されています。

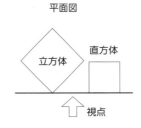

平面図

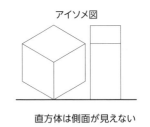

アイソメ図

直方体は側面が見えない

❷ 吹き抜けのあるリビングを描いた2点透視のパース

下の鳥瞰パースは、現実的には見ることのできないアングルですが、勾配天井のある吹き抜け、リビング、キッズルームになるロフト、インナーガーデンなどの多用途の部屋を見せることができる説明的なアングルです。親子などの人物を入れて生活目的となるシーンを強調します。

インナーガーデンや
吹き抜けのある
多目的なリビングの
鳥瞰パース

7 各図法の長所と短所

ここで、1点透視図、2点透視図、アクソメ図、アイソメ図の長所と短所をまとめておきましょう。

1点透視図
長所：室内全体を広く見せやすい。平面図を立体的にしたイメージでわかりやすい。
短所：消失点から著しく離れている壁面は広く見えやすい。

2点透視図
長所：迫力や変化のあるアングルを出せるため、集合住宅などの広告用に向く。
短所：手前の部屋は広く見えるが、奥の部屋が隠れやすい。

アクソメ図
長所：2点透視図よりも奥の部屋が見えやすい。平面図を底面として、高さをそのまま立ち上げられるため、作図が容易。
短所：アイソメ図や2点透視図よりも壁が高く見え、縦長に見えやすい。

アイソメ図
長所：消失点はないが、パースに近いイメージに見える。部屋が広く見える。
短所：視点から見た45°方向の壁面や家具などは、上面と正面が見えるが、側面が見えないため、その部分だけ立体感に欠ける(p.32、One Point参照)。

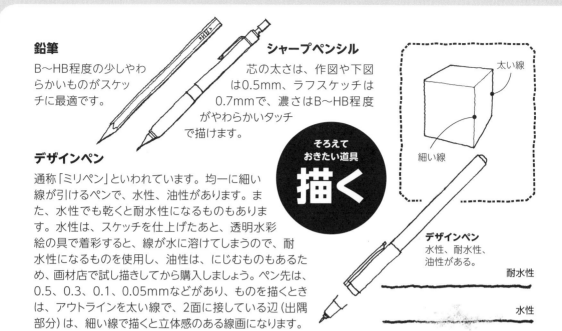

鉛筆
B～HB程度の少しやわらかいものがスケッチに最適です。

シャープペンシル
芯の太さは、作図や下図は0.5mm、ラフスケッチは0.7mmで、濃さはB～HB程度がやわらかいタッチで描けます。

そろえておきたい道具　描く

デザインペン
通称「ミリペン」といわれています。均一に細い線が引けるペンで、水性、油性があります。また、水性でも乾くと耐水性になるものもあります。水性は、スケッチを仕上げたあと、透明水彩絵の具で着彩すると、線が水に溶けてしまうので、耐水性になるものを使用し、油性は、にじむものもあるため、画材店で試し描きしてから購入しましょう。ペン先は、0.5、0.3、0.1、0.05mmなどがあり、ものを描くときは、アウトラインを太い線で、2面に接している辺（出隅部分）は、細い線で描くと立体感のある線画になります。

デザインペン　水性、耐水性、油性がある。

COLUMN
道具の種類と使い方
パースを描くために必要な道具と、その用途や使い方を紹介します。

三角スケール
縮小された図面の寸法を読み取る際に使用するものさしです。

そろえておきたい道具　引く

三角定規
三角形の定規で、平行定規と組み合わせて垂直線を引くときに使用します。45°が2つある直角二等辺三角形と、30°と60°の直角三角形があり、アイソメ図、アクソメ図を描くときに便利です。

直定規
直線を引くときに使う定規です。パースを描く際は、消失点（VP）の位置に合わせて直線を引くときに使用します。定規の長さは、A4サイズの用紙で20cm、A3サイズの用紙で30cm程度が扱いやすいです。溝が付いているものは、透明水彩絵の具で直線を引く場合に使用します（p.92参照）。

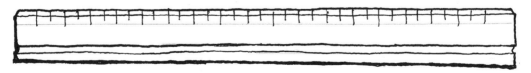

円定規

正円や球を描く際に使う定規です。図面、パースでは、テーブル、食器、照明などを描くときに使用します。

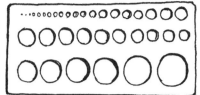

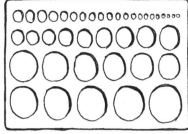

楕円定規

楕円を描く定規です。楕円のサイズは、幅が狭いものから広いものまで、いろいろな種類があります。パースでは、テーブル、食器、照明、鉢などを描くときに使用します。

そろえておきたい道具 曲げ

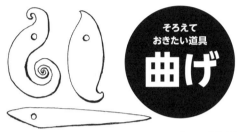

カーブ定規・雲形定規

曲線を描く定規です。いろいろな種類の定規があります。図はカーブ定規です。ソファー、丸椅子、ポットなどの曲線が多いものを描くときに使用します。

用紙

画材に合わせて使い分けます。透明水彩絵の具は水彩紙を使います。一般に画用紙といわれ、紙面が白っぽいものと、少し黄みがかったものや、コピー機で手差しができるものがあります。色鉛筆やパステルの着彩に使うこともできますが、用紙の表面が荒目でザラザラとした質感が出るので、画風に合わせて使用しましょう。マーカーは色ムラになりにくい、マーカー専用紙があります。画材店へ足を運び、研究しましょう。

消しゴム

カスがバラバラにならず、まとまるものが便利です。

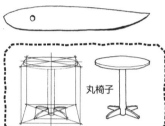

練り消しゴム

鉛筆で描いた太い線や濃い線の上をたたくように消すことで、線を薄くやわらかくすることができます。消すときにこすると汚れてしまうので注意が必要です。

製図用刷毛

画面を汚さないように、消しゴムのカスを払うブラシです。鳥の羽を使ったものもあります。

そろえておきたい道具 消す

そろえておきたい道具 写す

トレーシングペーパー

作図した図面やパースの上にのせて、スケッチを描くため使う用紙です。A4、A3サイズがあります。A3の長手サイズのロールタイプもあります。

字消し板

鉛筆で描いた、図面やパースの細部を修正する際に、修正部分のみを確実に消すことができるステンレス製の板。大、中、小の多様な穴があり、いろいろな修正に便利です。

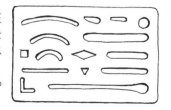

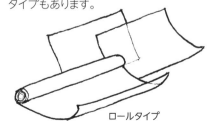

ロールタイプ

COLUMN 道具の種類と使い方

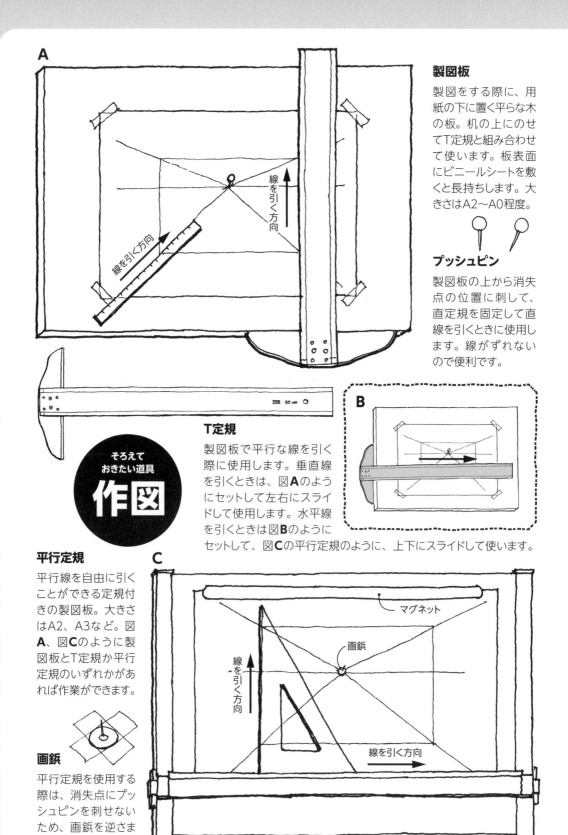

製図板
製図をする際に、用紙の下に置く平らな木の板。机の上にのせてT定規と組み合わせて使います。板表面にビニールシートを敷くと長持ちします。大きさはA2〜A0程度。

プッシュピン
製図板の上から消失点の位置に刺して、直定規を固定して直線を引くときに使用します。線がずれないので便利です。

T定規
製図板で平行な線を引く際に使用します。垂直線を引くときは、図**A**のようにセットして左右にスライドして使用します。水平線を引くときは図**B**のようにセットして、図**C**の平行定規のように、上下にスライドして使います。

そろえておきたい道具 作図

平行定規
平行線を自由に引くことができる定規付きの製図板。大きさはA2、A3など。図**A**、図**C**のように製図板とT定規か平行定規のいずれかがあれば作業ができます。

画鋲
平行定規を使用する際は、消失点にプッシュピンを刺せないため、画鋲を逆さまに置き、テープで留めて使用します。

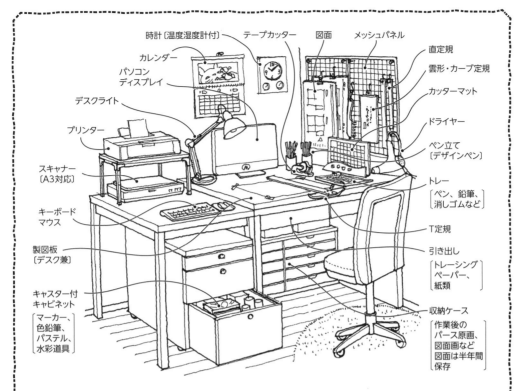

仕事がはかどるアトリエ

手描きパースやイラストを製作する筆者のアトリエを案内します。
左側のテーブルから、下段にスキャナー、上段にプリンターを設置して、上部に用紙をセットしやすくしています。また、プリント時の作品の色の仕上がりがよいことから、相性のよいMacのパソコンとエプソンのプリンターを使用しています。テーブルの下部は移動が楽なキャスター付きのキャビネットを置き、主にカラーリング用の画材や道具、パステル用の定着液スプレー缶などを収納しています。
右側の机上の製図板は、できるだけパースの消失点がとれるよう、大きいA0サイズにしています。

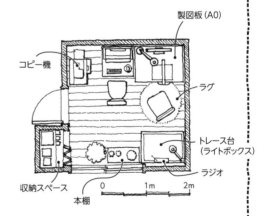

机の下は、けっこう広い空きスペースとなるため、原画や図面を保存する収納ケースを置いています。また、椅子に座って右側の壁にはメッシュパネルを取り付け、場所をとらずに一目でわかるパース製作のための図面や製図用刷毛、雲形・カーブ定規、直定規、ドライヤーなどをS字フックでかけています。ドライヤーは、トレーシングペーパーの上からデザインペンで線を引いたときに、乾いていないインクを手や定規でこすって汚さないように乾かすため、手元の近いところに置きます。
製図板の後ろにある机は、トレース台または、ライトボックスという、箱状の中にライト(LEDなどもある)が仕込んである半透明の台で、水彩用紙にパースなどの下図をトレースしてスケッチするときに使います。打合せにも使用できて便利です。頻繁に使用する椅子の移動は、フローリングの表面が痛まないよう、ラグを敷いて保護しています。

Chapter 4
スケッチ力を身につける

この章ではスケッチ力をきたえるためのポイントを
さまざまな視点から紹介します。

1 定規とフリーハンド

スケッチを描くには、定規を使って描く方法とフリーハンドで描く方法の2種類があります。ここでは、鉛筆を使った味のある線の引き方を説明します。直線や立体のいろいろな描き方を研究してみましょう。

1 直線

直線は定規を使ってシャープに、フリーハンドはソフトに描くことができます。鉛筆の芯が少しやわらかめのHBやBなどを使うと描きやすく、見栄えのよいスケッチになります（p.42～43参照）。

❶ 定規を使った直線

引き始めは筆圧を強く、引き終わりは筆圧を弱くする気持ちで描くことで、力強いシャープな画風をつくります。

一定

強弱1

強弱2

❷ フリーハンドの直線

あらかじめ定規を使って弱い線で下描きしておき、その上からフリーハンドでなぞることで上手に描けます。パースを描くときは定規を使った下図や、CADパースなどの上にトレーシングペーパーをのせ、なぞって描きます。慣れてくると下図がなくても描けるようになります。長い直線は、いっぺんに引かず、引く途中で線を止めるなど、休み休み引くと雰囲気のある画風となります。

直線的

震わせる

破線

行って戻る

2 陰影表現

陰影は「ハッチング」といって、一定の面を平行な線を引いて埋める技法を使います。

フラットな面を表すハッチング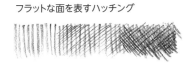

曲面を表すハッチング

3 いろいろな立体と陰影

定規やフリーハンドで描いた立体を並べました。線画の立体でも形状はわかりますが、ハッチングの方向を変えて引き重ねることで陰影のコントラストが生まれ、より一層の立体感を出すことができます。

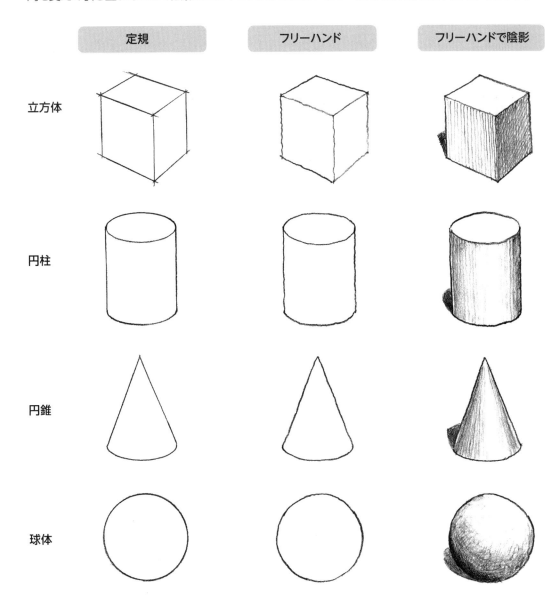

4 陰と影のちがいを知ると、より立体感を表現できる

「陰影」のごとく「かげ」は以下の2種類で構成されます。

・影（シャドー・shadow）：光が遮られてできる物の影
・陰（シェード・shade）：光が当たる量が少ないところ

ここでいう「影」は、建物では庇やバルコニー下に落ちる影、「陰」は、建物の側面の壁面にできる陰に当たります。

では、下図のA、B、Cの同じサイズの立方体において、まず、AとCの立方体を比べてみてください。Aの立方体の右の側面は陰（シェード）ですが、Cの立方体の右側面は、影（シャドー）になります。なぜでしょう？

平面図のように、Aの立方体は、右上から①面に光が当たっているのですが、Cの立方体は、左上から①面に向かって光が当たっているからです。Bの立方体は、光の方向が①面、②面ともに45°の同じ方向であるため、正面、側面ともに同じ明るさの陰（シェード）の面になり、立体感はあまり感じることができません。

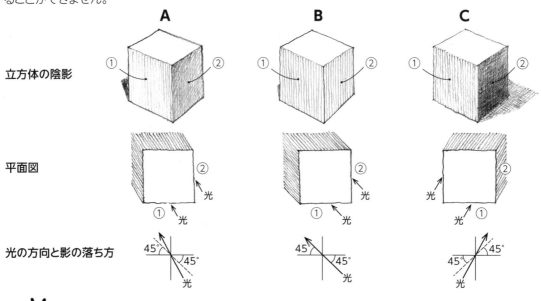

One Point フリーハンドで描くことが難しい円や楕円を容易に描くには

円や楕円をフリーハンドで描くことは難しいものです。そこで、画材屋さんで売っている円定規や楕円定規を使って下書きしたあと、その上からなぞるように描くと見栄えよく描くことができます。
楕円定規は、楕円の幅や高さのサイズがたくさんあるため、よく吟味してから購入してください。
ここでは、円錐の描き方を図示します。

1 水平線aと垂線bを引く。
2 楕円定規をa、bの交点を中心に底辺を下描きし輪郭をとる。
3 鉛筆などのしっかりとした線で、なぞって完成。

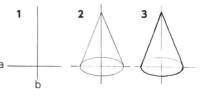

直線の練習1

下の例にならって右側の薄い線を定規でなぞってみましょう。

一定

強弱1

強弱2

 ## 直線の練習2

下の例にならって右側の薄い線をフリーハンドでなぞってみましょう。

直線的

震わせる

破線

行って戻る

 ## 立体の作図

下の例にならって立体を完成させましょう（作図方法はp.45参照）。図のように、消失点VP₁とVP₂は、水平線のアイレベル（EL）上に来るように、任意で決めてから立方体を描きます。

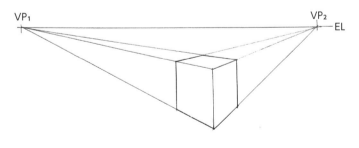

 ## 陰影の練習

p.39の「3 いろいろな立体と陰影」をまねて下の立体に陰影をつけましょう。

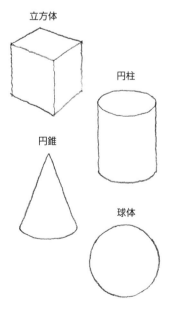

2 デザインイメージに合ったスケッチパースを描く

同じフォルムの室内でも、床、壁などの仕上げや家具のちがいで室内のイメージは大きく変わります。そのデザインの変化やちがいをクライアントに伝えることのできるイメージスケッチの表現は、手描きパースの得意とするところです。下図のCADパースを下敷きにした、定規とフリーハンド（鉛筆）のスケッチのちがいを比べてみましょう。スケッチを始める前に、左右の消失点の位置を確認してから定規を使ってスケッチをすることで、透視図法にのっとった正確なパースが描けます。

1 定規で描く：シンプルでシックなデザイン

本磨きの御影石の床やガラスブロックの壁、マッシブでシンプルな家具を配置した緊張感のあるデザインは、定規でシャープに描きます。

❶ 線画パース

スピードを出して一気に描くことで線の強弱が出てシャープになります。

❷ スケッチパース

ハッチングを使って陰影をつけることで立体感を出します。シャープな仕上がりにしたいのでハッチングも定規を使って描いています。

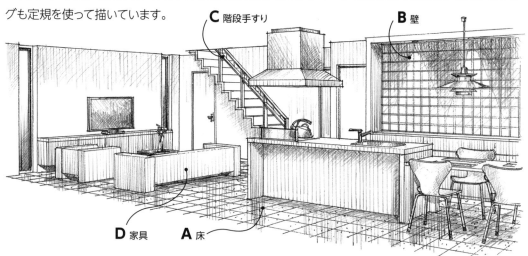

❸ 部位別の素材の表現

前ページの図に使われている各部の素材の表現は、以下のようになっています。

A 床：御影石本磨き→家具の映り込み　**B** 壁：ガラスブロック→ダウンライトの陰影　**C** 階段手すり：スチールフラットバーの表現　**D** 家具：キッチンのデコラ、マットなファブリック→直線のハッチング

2　フリーハンドで描く：自然素材を使った柔和なデザイン

木（もく）のフローリング、木板貼りのデザインウォールなどの自然素材を使ったデザインは、フリーハンドでやわらかく描きます。

❶ 線画パース

フリーハンドで描いた線画パースは、質感が表現されていなくてもやわらかい雰囲気を感じられます。

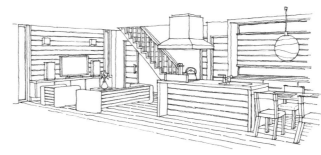

❷ スケッチパース

ハッチング技法で陰影表現をすることで立体感が生まれます。フローリングの家具の映り込みはもちろんのこと、木目やガラスのハレーションもフリーハンドで表現します。

❸ 部位別の素材の表現

図の各部の素材の表現は、以下のようになっています。

- **A** 床：木のフローリング → 家具の映り込み
- **B** デザインウォール：横板貼り → 木目表現
- **C** 階段手すり：木手すり
  → 手すり子の見付けと見込みの陰影表現
- **D** 家具：ふっくらしたファブリック
  → フリーハンドのハッチング

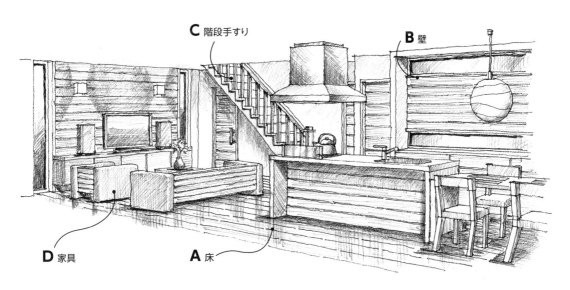

3 家具は箱を描いて立体感をつかむ

クライアントのデザインの好みや希望するイメージを決定づける重要なツールとして、家具があります。クラシックな猫脚と細いフレームで構成されたモダンな椅子を比べるだけでも、各々はまったくデザインが異なり、部屋のイメージが大きく変わります。一方、デザイナーからは、家具のボリュームやプロポーションを描くのが難しいとよく聞きます。しかしながら、あらかじめCADで床、壁、天井、家具の長さ、幅、高さを箱で入力しておき、出力することで家具の位置とボリュームは出すことができます。あとは、形状を描き込めばよいのです。箱を使ったいろいろな家具形状の描き方の解説をします。

1 1点透視の箱と家具

下の図は、1点透視のアングルを決めたCADパースを線画で出力したものです。平面図のように、あらかじめa～eの家具の配置と高さを決めて、箱（立方体）をCADに入力しておきます。箱をガイドに、aはエアコン、bはテーブルの詳細を表現しました。箱や家具の奥行き方向の平行なものどうしは消失点に向かって集束しています。

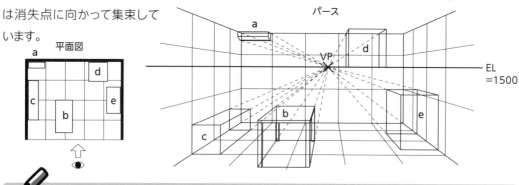

Training 1点透視の箱を作図する

平面図と展開図に示す1と2の箱をパースの中に入れてみましょう。図面やパースの1グリッドは、910mm角です（解答はp.47）。

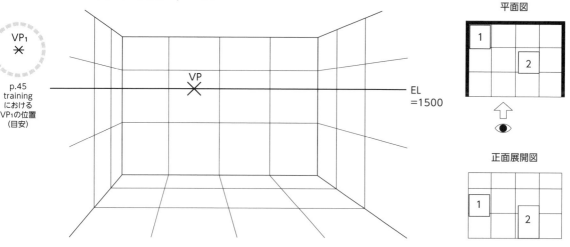

2　2点透視の箱と家具

前ページの1点透視と同様に、平面図にa～cの箱をCADで入力し、その箱をガイドにしてパースにaはエアコン、bはテーブルとして詳細を表現しました。

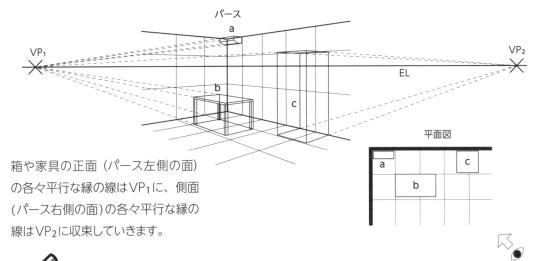

箱や家具の正面（パース左側の面）の各々平行な縁の線はVP₁に、側面（パース右側の面）の各々平行な縁の線はVP₂に収束していきます。

Training　2点透視の箱を作図する

平面図と展開図に示す1と2の箱をパースの中に入れてみましょう。図面やパースの1グリッドは910mmです（解答はp.47）。

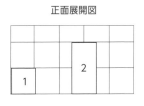

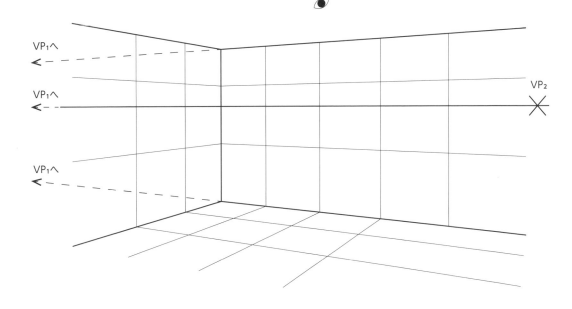

3 1点透視のCADパースに斜めに置いた家具を作図する

❶ 家具の位置と高さを入力したCAD図面を出力する

今度は、斜めの家具が配置されている場合を考えます。下の平面図のようにa〜eの家具の配置と高さを入力した1点透視のCAD図面を出力します。ソファーや椅子は、座面の高さを入力しておくと正確に描くことが楽にできます。以下に寸法を示します。また床、壁に1グリッド=910mm角の割り付けをしておくと、小物などの位置を出すときに便利です（小物の描き方はp.68〜70参照）。

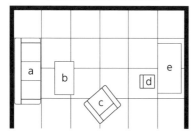

平面図(1グリッド=910mm)

a ソファー（3人掛け）　W:2000 × D:800 × SH:350 × H:650
b ソファー用テーブル　　W:1000 × D:600 ×　　　　 H:400
c ソファー（1人掛け）　W: 900 × D:800 × SH:350 × H:650
d 椅子　　　　　　　　 W: 450 × D:400 × SH:400 × H:750
e テーブル　　　　　　 W:1500 × D:750 ×　　　　 H:700
(W:幅　D:奥行き　SH:座面の高さ　H:高さ)

下の図は1点透視で出力したCADパースです。a、b、d、eの家具の正面の線は画面横方向に平行、奥行き方向は図中の消失点に収束します。ここで、cの家具は斜めに置かれているため、消失点が2方向にあることがわかります。消失点はアイレベル（EL）の線の上にあります。cの家具の左面はVP₁、右面はVP₂に収束します。

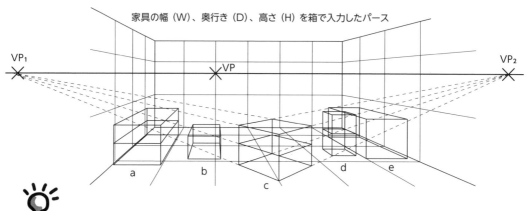

家具の幅（W）、奥行き（D）、高さ（H）を箱で入力したパース

One Point　斜めに置いた家具は2点透視になる

1点透視の家具は、a、bのように間口方向は平行で、奥行き方向のみが消失点に向かっています。斜めに置いた家具は、cのように左面はVP₁に、右面はVP₂に向かっています。a、bの家具は1点透視ですが、cだけ2点透視になります。

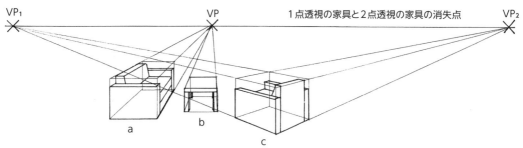

1点透視の家具と2点透視の家具の消失点

❷ 家具の長さ、幅、高さを入力した箱をガイドにして家具形状を起こす

CADパースを出力した用紙に家具形状の作図をします。テーブルは天板、足の順に、ソファーは背の高さをもとに肘掛けを少し低めに決め、背、座面の順に作成します。

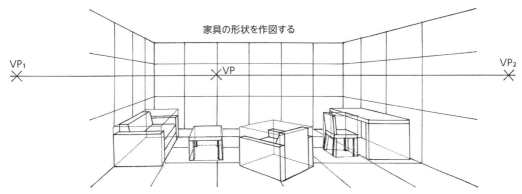

ここまでCADにあらかじめ箱を入力して、作図する方法を紹介しましたが、入力せず、手描きで家具を描き入れることもできるようになると、なおよいです。家具の位置は動かしたり変わったりすることがあるので、家具だけを描くことにも慣れておきましょう。家具の描き方はp.57～61で解説します。

 床面からアイレベルまでの高さはどこから測っても同じ

それぞれの家具の位置はまちまちですが、下図EL=1500mmの設定のパースのように、床面からアイレベルまでの高さは床面に高低差がない限り必ず1500mmになります。アイレベルの高さが変わった場合も、そのアイレベルの高さと同様の高さになります。小物などを手描きで加筆していくときに、高さ、サイズの手がかりになります。

 p.44、45 Training の解答

図の1点透視の箱の奥行き方向は消失点に向かい、2点透視の箱の正面方向はVP₁へ、側面の奥行き方向は、VP₂へ向かいます。VP₁がとれない場合は、壁、床面のグリッドの線をガイドにして引いていきます。

p.44 Training 1点透視の箱を作図する

p.45 Training 2点透視の箱を作図する

4 室内部位や家具の寸法

家具や家電、室内の部位の寸法を知っておくことは設計をするうえでもパースを描くうえでもとても重要です。この項には、室内部位や家具の寸法を集めました。また、人によって快適と感じる部屋の広さはさまざまなので、身長の異なる子どもと大人の寸法の考え方や、「なぜ、この寸法なのか?」といった解説やエピソードを加えました。家具や家電などは商品によって大きさが異なるので参考程度ですが、室内の寸法は、標準的なスケールで表しています。

1 室内部位

❶ 居室天井高

特殊なデザインを除き、和室、洋室ともに2400mmが一般的です。台所や洗面・脱衣室などの水回りは低い場合もあります。折り上げ天井の場合は2700mmで間接照明を付ける場合もよくあります。吹き抜けの高さは5800mm程度あります。

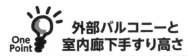

外部バルコニーと室内廊下手すり高さ

外部バルコニーの手すり高さは建築基準法で1100mm以上と定められていますが、室内の廊下手すりなどは法的に定められた基準はありません。特別なデザインの場合は別ですが、見栄えと安全性を考えると、850mm程度がよいようです。

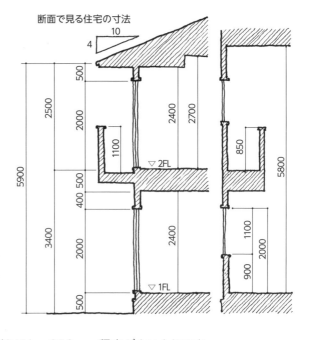

断面で見る住宅の寸法

❷ 玄関ドアと室内ドア

玄関ドア高さは、2000〜2200mmで室内ドアより高い場合が一般的です。参考までに室内ドアは1800〜2000mm程度です。和室は1800mmが一般的でしたが、最近ではデザインによりさまざまです。

玄関回りの寸法

❸ 建具の高さと腰高

腰窓の高さは、500、700、900、1100、1300、1500mmがあります。

図のように、建具の高さは、床面から建具上端を2000mmとします。腰窓の高さは、900mmまたは1100mmが一般的で、腰高は前者が1100mm、後者が900mmになります。

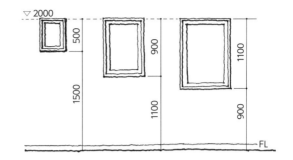

❹ 階段と手すり

手すりの高さは、介護用は床面から800mm程度、一般は850mm程度です。図のように、階段部分の手すりは50mm程度低くなります。

階段の蹴上げと踏み面の比率は、160mm（蹴上げ）：280mm（踏み面）が理想といわれていますが、実際には、この比率は一般の住宅では現実的でないスケールです。建築基準法では、蹴上げは230mm以下、踏み面は150mm以上、階段の幅は750mm以上と定められています。できれば、蹴上げ190mm、踏み面250mmが理想ですが、できるだけ階段勾配を6/7にして、220mmの踏み面を確保したいものです。

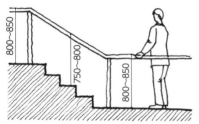 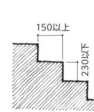

❺ 車椅子・スロープ

車椅子で自力移動する場合のスロープの勾配は1/12～1/13、介助する場合は1/8～1/12ですが、介護者により個人差がありますので、状況に応じて、家族やケアマネージャーなどと相談して決める必要があります。また、廊下などの通路はバリアフリー新法では900mm幅以上ですが、1200mm幅以上が望ましいでしょう。

 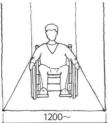 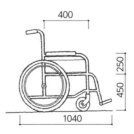 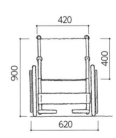

望ましいスロープの寸法

	車椅子のみ	人と車椅子のすれちがい
スロープ幅	1200mm以上	1500mm以上
勾配	1/12以下	1/12以下（参考までに屋外は1/15以下）

2 キッチン

キッチンのレイアウトは、ベーシックなI型、作業スペースが広いL型、リビングとダイニングに一体感のある対面型の3種類があります。シンクの高さは身長が160cmの人は800mm、170cmの人は850mmが目安です。個人差があるのでショールームで使いやすさを確認して決めます。キャビネットの高さは使いやすさで決めましょう。図はI型キッチンです。

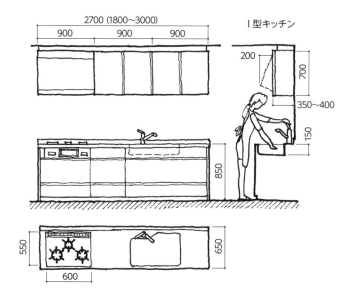

❶ 冷蔵庫

家族人数と冷蔵庫の容量関係は、おおむね、2～3人向け300～399L、3～4人向け400～499L、4～5人向け500～599L、5～6人向け600～699L、大家族向け700L以上が目安となります。

冷蔵庫の容量目安は、

**70L × 家族の人数　
＋ 常備品分（100L）　
＋ 予備（70L）**

で、だいたいわかります。

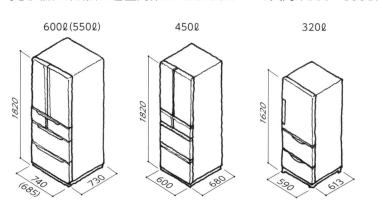

❷ オーブンレンジ、電子レンジ、オーブントースター

オーブントースターは、パンなどを焼くのに適していますが、ケーキ、菓子を焼く場合はオーブンレンジが必要です。またお弁当を温めることや冷凍食品の解凍をするには電子レンジを使用します。

オーブンはヒーター熱で内部全体を加熱して調理します。電子レンジは電波で料理だけを加熱して調理します。オーブンレンジはオーブンと電子レンジの機能を両方備えるものです。

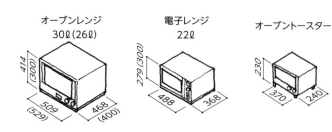

3 ダイニング

❶ テーブルと椅子

ダイニングテーブルの幅と奥行きは、2人掛け750mm角、4人掛け1200mm×750mm、6人掛け1800mm×750mmが目安です。1人分のサイズは幅600mm、奥行き400mmを考慮しましょう。

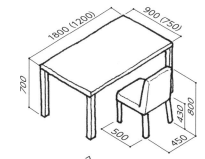

❷ 食器棚、家電収納キャビネット

家電収納キャビネットは、キャビネット内にコンセントを設置した電子レンジ・炊飯器・コーヒーメーカーなどの設置が可能な家電収納庫です。

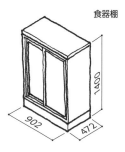
食器棚

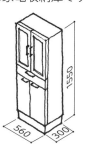

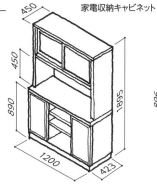
家電収納キャビネット

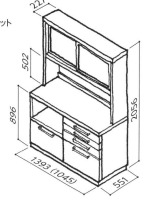

4 リビング

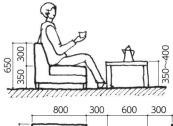

リビングのソファーの座面高さは、ダイニングの座面高さより、少し低めになります。また、図のように、ソファーからテーブルまでの距離は300mmにするとお茶などが飲みやすいとされています。脚を伸ばしてくつろぐ場合は、400mmが最適です。

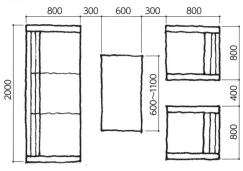

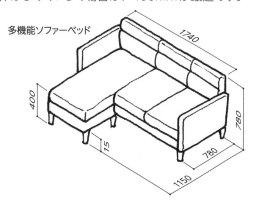
多機能ソファーベッド

スケッチ力を身につける

5 子ども室・書斎（机と椅子）

一般に机の高さは700mm、椅子の座面高は400mmといわれていますが、子どもの身長は、年齢によりちがいがあるため、座面高（床から椅子の座面の高さ）の調整が必要です。勉強机や椅子の高さは、図のように、座面高が身長の約1/4の高さを目安にするとよさそうです。

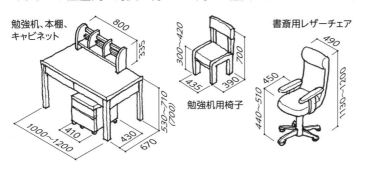

また、座面高と机の天板の高さの差を「差尺」といいますが、270〜300mm程度がよいとされています。

6 寝室

夫婦の寝室は、ダブルベッドで仲よく2人で寝ることは、とてもよいことです。ところが、どちらかが風邪などの病気にかかった場合は、病気をうつしてしまうこともあるので、ダブルとシングルの両方のベッドを設置できれば理想的です。

ベッドの長さは1950〜2000mmですが、幅はシングル970mm、キング1800mm（900mm×2枚）で、シングル2枚分ではありません。ホテルなどでは、ダブルが1400mm、クイーンで1600mmがあります。

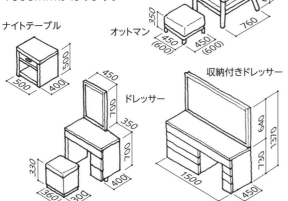

オットマン・ナイトテーブル等

オットマンは、450mm角と600mm角以上のものがあります。足を置くためにつくられているため、表面が沈みにくいフラットなものを選び、トレーをのせることでテーブルとしても使用できます。ナイトテーブルは、寝る間際まで身に着けているメガネや腕時計など、ドレッサーは、寝る前の直前に使用するハンドクリームなどの置き場となることを配慮して配置します。

7 和室

座卓の高さは、一般に、高齢者や子どもが使いやすいことから、330mm前後が多いようです。また、座布団の種類は7種の規格サイズ別に分かれています。かつては八端判（はったんばん：590mm×630mm）が主流でしたが、洋式化した住宅が主流となったため、現在の一般住宅では銘仙判（めいせんばん：550mm×590mm）がもっとも流通しており、座布団カバーの種類も豊富です。

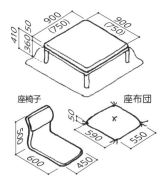

座卓のサイズ	
W	D
750	750
750	1200
900	900
900	1200
900	1500
1000φ	
2000φ	

8 浴室

❶ ユニットバス

さまざまなサイズがありますが、戸建て住宅用のユニットバスの広さは坪数で表され、一般に下の図の3タイプに分かれます。たとえば「1216タイプ」は、内法寸法が、1200mm×1600mmになります。

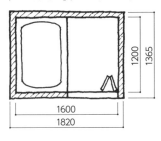
「1216タイプ」(0.75坪タイプ)

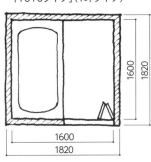
「1616タイプ」(1坪タイプ)

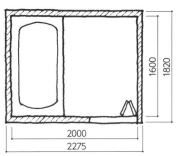
「1620タイプ」(1.25坪タイプ)

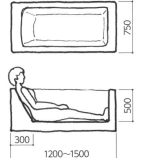
バスタブ

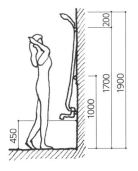
シャワー

❷ バスタブとシャワー

バスタブの、床面(FL)からの立ち上がりは450mmですが、湯船の深さは500mmです。シャワーの取り付け高さは、1700mm程度が標準ですが、身長は個人差があるため、高さを調整できるものもあります。

9 トイレ

大きく4タイプに分かれます。もっとも普及しているのが、独立した便器、タンク、便座を組み合わせた組み合わせトイレです。便器、タンク、便座が一体となっている一体型トイレ、収納・手洗い器などがセットになっているシステムトイレ、水を溜めるタンクがないデザイン性の高いタンクレストイレなどがあります。

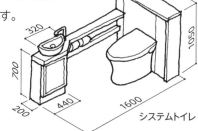

10 洗面化粧台

洗面化粧台には洗面カウンターと収納キャビネットの組み合わせによって、多彩なバリエーションがあります。洗面器一体タイプは収納キャビネットに洗面器が直接取り付けてあるタイプ。間口サイズは、500、600、750、900、1200mmなどスペースに合わせて選べます。
カウンタータイプはカウンターに洗面器が設置されているか、洗面器とカウンターが一体化しているタイプ。収納ユニットや面材、水栓金具などを自由に選んで組み合わせができます。

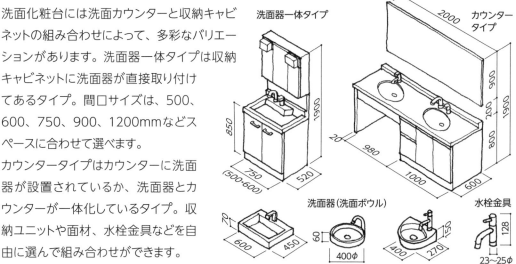

11 洗濯機

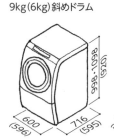
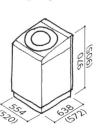
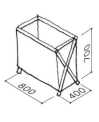

1人分の洗濯量は1.5kgといわれています。4人家族は6kgで洗濯機のサイズは7～8kgを、6人家族では9kg以上が目安です。洗濯方式は、洗いから乾燥までを行う場合はドラム式（斜めドラム）、洗浄重視で雨の日など時々乾燥を行う場合は縦型（攪拌式）を使います。

12 収納家具

洋服の幅が600mm、パンツの幅は400mm程度なので、クローゼットや洋服ダンスの奥行きは600mm程度、高さは1800～2300mmが一般的です。図のように、ハンガーパイプの高さは、コートなどの丈の長いもので1700mm程度にし、上部にバッグ、帽子などの小物、下部に下着や靴下などの軽い衣類を収納することで便利に扱えます。

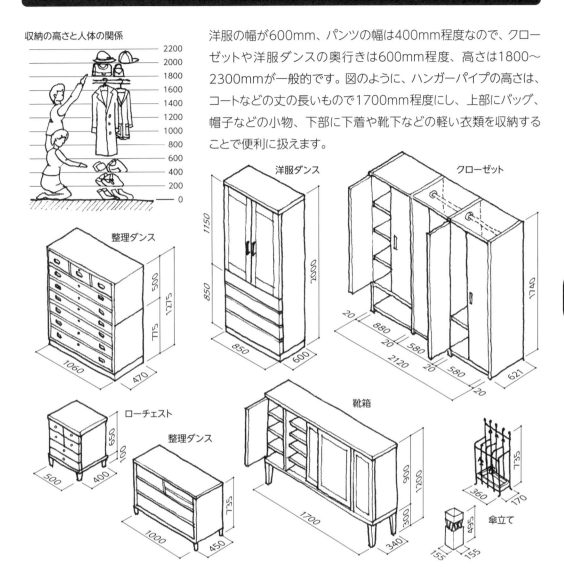

13 エアコン・暖房器具

エアコンは、畳数と能力（kW）の目安は、「冷房：8～12畳」の表示がある場合、木造8畳、鉄筋コンクリート造12畳の部屋の広さに適していることになります。これは、部屋の密閉率が木造より鉄筋のほうが高いためです。暖房の表示も同様です。

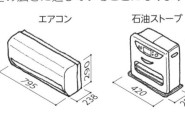
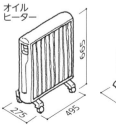

14 テレビ・録画機器

テレビ台の高さは400mm程度、幅が1500mmの場合は、32インチのテレビを設置して左右にスピーカーを置くとバランスがよいようです。幅が800mmの場合は、14〜26インチのテレビがバランスよく見えます。テレビの縦横比は、9：16になっています。また、図のように録画機器は、いろいろなサイズがあるため、テレビ台に程よく納まるものを選びます。

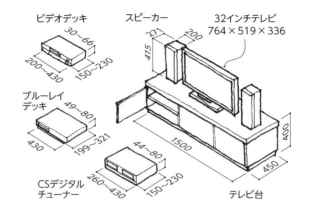

15 楽器

❶ ピアノ

代表的なものでは、アップライトピアノとグランドピアノがあります。アップライトピアノの高さは、一般に1210mmと1310mmが基本です。

グランドピアノは、アップライトピアノより200〜300mm程度低く、奥行きはモデルによってさまざまです。ピアノから椅子までの弾きやすい距離は800mm程度です。

❷ ギター

種類は、アコースティックギター、フォークギター、エレキギターなどがあります。幅は300〜400mm程度、長さは、850〜1000mm程度です。図のように、ケースはひと回り大きいサイズになります。

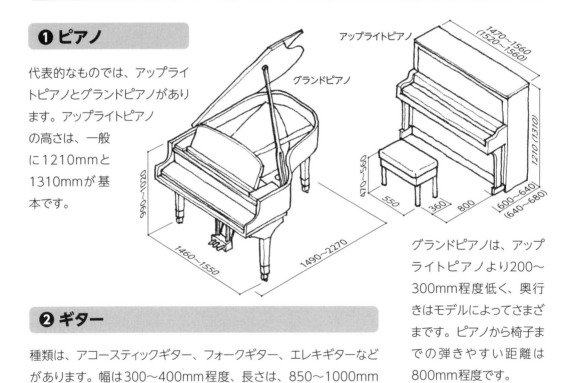

いろいろな家具の描き方

家具は、四角いものや円筒形など、また、座や背の部分もさまざまな形状があるため、描くことが苦手な人が多いかもしれません。p.46で見たように、まずはボリュームを箱で起こし、そこから形状を割り出すことで、描きやすくなります。実際の家具は丸みや質感、細部のデザインがあるため、ここでは家具をリアルに見せるコツを紹介します。

1 四角い家具

下の図のように、四角いテーブルの作図（上）とスケッチ（下）を描きました。箱状のボリュームを出す作図は、あらかじめ、アイレベルと消失点を求めておくことが大切です。

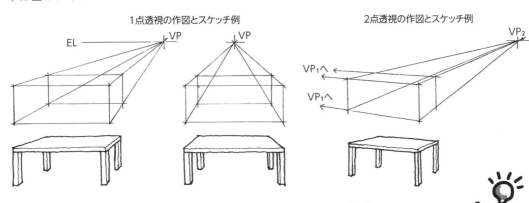

下の図は、表現しやすい基本的な椅子の作図とスケッチです。①ボリュームを出す、②座面高を決める、③形状を表現する、④スケッチをする、という手順で描きます。背と後ろ脚2本は、鉛直方向でなく、微妙に角度がついているので気をつけましょう。

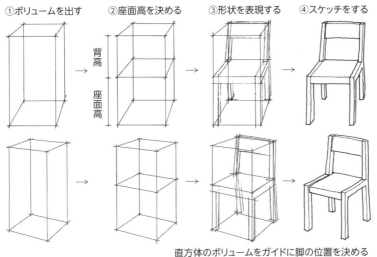

椅子やテーブルは、脚の位置を正確に決める

椅子やテーブルの作図が上手に見えるコツは、正確に脚の位置を決めることです。4脚の場合、少しでも脚の位置がずれると4本の脚の長さがそれぞれちがって見えるため、バランスが悪く見えます。作図のボリュームから細部を描くときにスケッチがずれないように気をつけます。

2 丸い家具

❶ 丸い椅子を1点透視で作図、スケッチ

スケッチの手順は、図のように、足元・座・背の各々の高さに四角形をつくり、対角線を引き中心を求めます。座面の円は四角形に内接していますが、中心点を軸に四角形の対角線に分割することで4カ所の接点を求めることができます。それを目安に楕円の当たりをとると描きやすくなります（次ページ参照）。

 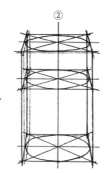 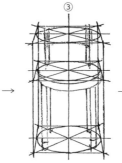 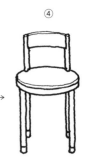

❷ 同じ椅子を2点透視で作図、スケッチ

前ページと同様にアイレベルと消失点をあらかじめ求めておき、作図をします。1点透視と同様に、楕円の当たりをとり、スケッチを描きます。

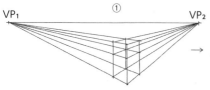
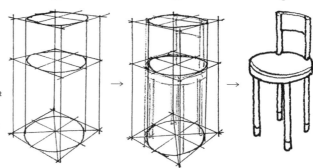

❸ ダイニングチェア

よく使われるダイニングチェアです。丸みが描きにくい家具ですが、左右対称のデザインであるため、座面に対角線、背に中心線を引き、その線をガイドにすると描きやすくなります。

1点透視

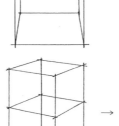

2点透視

❹ 丸テーブルを1点透視で作図、スケッチ

前ページの丸い椅子同様に楕円の当たりをとって描きます。楕円定規を使うと描きやすいでしょう。図**B**の足元の部分は正方形を描き、対角線をガイドとして、形状を表現することで上手に描けます。

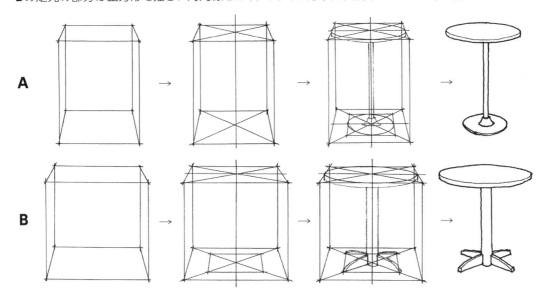

❺ 丸テーブルを2点透視で作図、スケッチ

足元部分は、図**B**同様に作図して描きます。2点透視なので足元の角度が変わります。

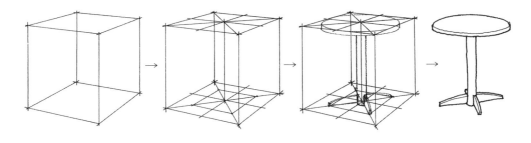

One Point 円を描くときは、ゆがみのない正楕円で描く

2点透視の円は、パースに描いた正方形の中に円を接するように描くと、ゆがみがあるのできれいに見えません。接点が少しずれてもよいので図のように正楕円に補正して描きましょう。CADでモデリングした2点透視の円もゆがむので、補正して描いてください。楕円定規を使うときれいに描けます。

 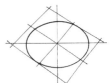

3 やわらかい家具と固い家具

ソファーやクッションのような、ふっくらしたやわらかい家具や、木（もく）、金属を用いた固い家具などの描き方のちがいがわかる表現を研究しましょう。

❶ やわらかい家具

図のように、四角い家具同様、箱でボリュームを出し、形状を下描きした後に、コーナー部分を丸くしてスケッチを描きます。複雑な形状のソファーなどは、肘掛け、背、座ごとに箱で分けてボリュームを出すと形状が描きやすくなります。

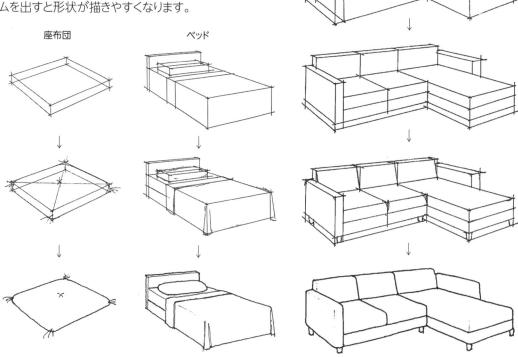

One Point 角は描かないほうが丸みを上手に表現できる

ソファーやベッドの角は、下図の線を消しゴムで消して描かないようにするか、弱い線を入れておき、色鉛筆やマーカーなどで陰影をつけると丸みのある表現ができます。

陰影で家具のやわらかさと立体感を出す

❷ 固い家具

図のように、シンプルな固い洗面台などは、アウトラインは太く、3面に接している出隅部分は、細い線で定規を使ってシャープに描きます。洗面器は楕円定規を使って描きます。

シンプルな家具は定規を使ってシャープに描く

複雑なデコレーションがあるアイアンの脚などは、下図の段階で形状をしっかり出してから、太い線と細い線を使って、フリーハンドで丁寧に描きます。

複雑なデコレーションは下図でしっかり形状を出し、フリーハンドで描く

❸ やわらかい部分と固い部分のある家具

図のように、やわらかいクッションの座はフリーハンドで、固い金属の脚は、曲線を引くことができるカーブ定規や雲形定規で描きます。これらの定規は、画材店で手に入ります。最近は百円均一の店でも販売しています。

固い金属の脚は定規で、やわらかいクッションはフリーハンドで

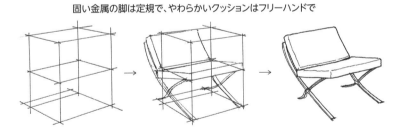

One Point 曲線の多い家具は雲形定規とフリーハンドを併用して描く

曲線の多い家具は下図の段階で、しっかり作図しておき、ゆるやかなカーブは雲形定規で、きついカーブはフリーハンドで描くことできれいな仕上がりになります。

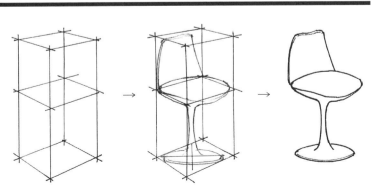

6 素材のテクスチャー（質感）の表現

ここではカーテンやラグ、フローリングや石貼りなどの多彩な素材のテクスチャー（質感）やタペストリーなどの模様の描き方を紹介します。

1 カーテン

スマートなカーテン

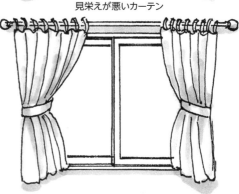
見栄えが悪いカーテン

上の図のように、上部を広げ下部を狭く描くと見栄えよくスマートに描けます。下の図のようにカーテンレール部分を具体的に描くことやヒダを多くしたりするとと見栄えがよくありません。タッセルから下部は、ほぼ直線的なイメージで描くことがポイントです。また、カーテンボックスを付けると容易に描けます。

2 シェード、ブラインド

❶ シェード
やわらかい布地の素材ですが、定規を使って描いたほうが見栄えがよくなります。

❷ ブラインド
シェードと同様に定規を使ってシャープに描きます。

❸ バーチカルブラインド
足元のジグザグを表現することで、ブラインドの特徴が表現できます。

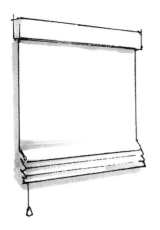

3 ラグ

ラグのテクスチャー表現は、やわらかい鉛筆や色鉛筆を使うと上手に描けます。ふわふわとしたやわらかいラグは、フリーハンドで描くことで雰囲気を出します。例のように、複雑な模様を簡略化する表現も参考にしましょう。

❶ 四角いラグ

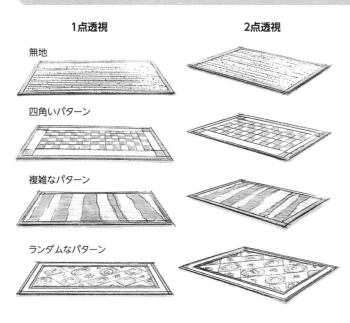

- **無地**：網目や縫い目がしっかりわかる固いラグは定規を使って描きます。
- **四角いパターン**：四角いパターンが入ったラグは、定規を使うときれいに描けます。
- **ランダムなパターン**：ラグは定規で、パターンはフリーハンドで描きます。
- **複雑なパターン**：フリーハンドや定規との併用で描きます。下記のOne Pointのようにすると規則正しい菱形のパターンが描けます。

One Point 規則正しい45°方向（菱形）パターンはグリッドの対角線消失点を求めてつくる

1点透視の作図方法
① 左右の対角線消失点をとる
② 45°方向のパターンをつくる

2点透視の作図方法
① ラグの対角線を引いて対角線消失点を求める
② 対角線消失点に向けて線を引く
③ ラグの対角線にあわせて横方向の対角線を引いてパターンをつくる

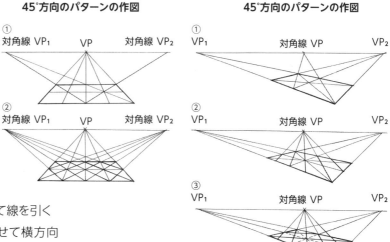

❷ 丸いラグ

図のように、楕円定規から程よい形の楕円を選び、弱い線でアウトラインのガイドをとり、筆圧で線の強弱を出して、フリーハンドで仕上げます。毛足もフリーハンドで描きます。なお、2点透視でガイドをとっても1点透視と同様に、正楕円で描きます（p.59参照）。鉛筆やマーカーを使って、やわらかい質感を出し、不整形なラグはフリーハンドで描き、マーカーで質感を表現しています。

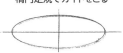
楕円定規でガイドをとる

鉛筆・マーカー

マーカーのみ

不整形なラグ

4 床と壁

❶ フローリング

フローリングは、床仕上げの大半を占める部分です。実際の板幅より少し広めに引くことで線の強調を和らげます。短辺方向の目地は少なめでランダムに入れます。

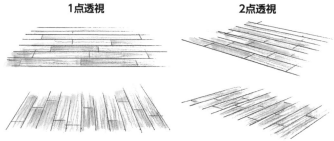
1点透視　2点透視
フローリングの板幅は実際より広めに入れる

❷ 石

石の目地は定規で引きます。斑（ふ）は、図のように、御影石は色鉛筆で点々を、大理石はフリーハンドで模様を入れます。磨きの場合は、窓や家具などの映り込みを入れるとリアルな表現になります。

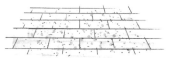

御影石　点々で斑を入れる

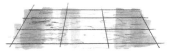

大理石　斑や家具などの映り込みを入れ、ハレーションを演出

One Point 石などの目地割りは対角線を使う

1点透視の正方形の目地割りは消失点に向かう線と床面の対角線の交点に水平線を引いて割り付けをすると自然にできます。2点透視は正方形の対角線で増やすと手前は大きく、奥は小さく見え、奥行き感が出ます。この正方形を増やす作図を「増殖」といいます。

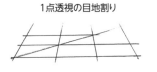
1点透視の目地割り

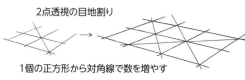
2点透視の目地割り
1個の正方形から対角線で数を増やす

❸ 畳

縁（へり）はしっかり描き、畳の目は色鉛筆（オリーブグリーンなど）で定規を使って短辺方向に引きます。かすれるような線の強弱を出すことが上手に描くポイントです。

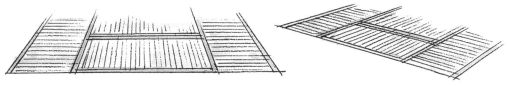

畳の目は弱い線でかすれるように

❹ タイル

基本的には石の表現と同様です。仕上げは、タイルの色より少し濃い色鉛筆などでテクスチャーを出します。

芋目地　　馬目地（色ムラあり）

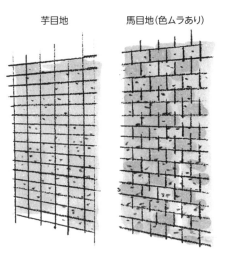

❺ ガラス

ハレーション部分は白抜きにして光が反射して光る部分をつくります。窓越しの緑をぼかして入れることで雰囲気が出ます。

白抜きのハレーション

❻ タペストリー

直線や曲線を用いてフリーハンドで簡易なパターンを描きます。フリーハンドのほうが布地のやわらかさが出しやすいです。図は、左側が1点透視、右側が2点透視です。

幾何学的なパターンのタペストリー

  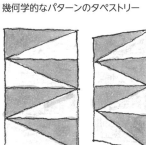 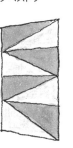 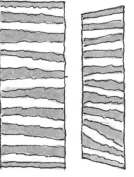

One Point　雑誌や写真の切り抜きをパースに取り入れる

雑誌に出ているタペストリーやポスターを素材としてパースに使用したいときは、切り抜きをスキャンしてPhotoshopなどで画像の四隅を変形させ1、2点透視に合わせてから下図に張り込みます。それを上から手描きで描きます。

5 テクスチャー（質感）を実例パースで見る

1 から 4 までのテクスチャー（質感）表現を実例パースで見てみましょう。質感を表現することで、室内イメージにリアリティーや高級感が出てきます。

❶ シックでモダンなダイニングのパース

大理石は、影の部分に少し濃い目の斑を入れ、壁やテーブル・椅子の脚の映り込みを描くことで高級感が出ます。ガラステーブルの小物の映り込み、窓越しの中木、定規を使ったカーテンの描き方も参考にしてください。表現方法はChapter5のカラーリングの項目を参照してください。

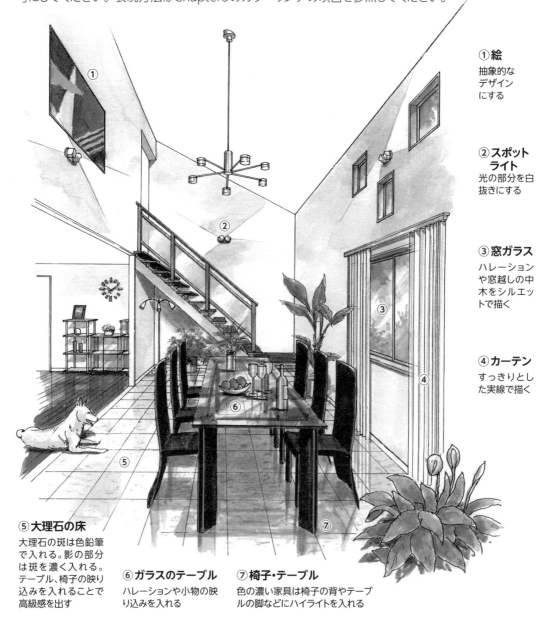

①**絵**
抽象的なデザインにする

②**スポットライト**
光の部分を白抜きにする

③**窓ガラス**
ハレーションや窓越しの中木をシルエットで描く

④**カーテン**
すっきりとした実線で描く

⑤**大理石の床**
大理石の斑は色鉛筆で入れる。影の部分は斑を濃く入れる。テーブル、椅子の映り込みを入れることで高級感を出す

⑥**ガラスのテーブル**
ハレーションや小物の映り込みを入れる

⑦**椅子・テーブル**
色の濃い家具は椅子の背やテーブルの脚などにハイライトを入れる

❷ 船底天井のあるナチュラルな和室のパース

船底天井や座卓の木目は、マーカーや水彩絵の具で着彩したあと、最後の仕上げの段階で色鉛筆を使ってフリーハンドで表現します。

① 天井
マーカーや水彩絵の具でベースを塗り、木目や網代は色鉛筆で入れる

② 窓
窓を開けて、庭を見せる。ガラス越しにも庭を描く

③ 座布団
陰影でふっくらさせる

④ 畳
目は色鉛筆で描く

⑤ 壁
質感は色鉛筆や水彩絵の具を筆につけて描く

❸ ラタンの家具が似合うカントリー風LDKのパース

ラグ、タペストリーやソファーのファブリックのパターンは色鉛筆やマーカーを使うと容易に描けます。ソファーのラタン、木（もく）の食器棚のガラスの向こうにある食器のイメージも参考にしてください。

① 木（もく）の梁
木目は色鉛筆や水彩絵の具を筆につけて描く

② タペストリー
抽象的なデザインにする

③ 食器棚
ガラス越しの食器のシルエットを入れる

④ ラタンのソファー
ラタンの目は細いペンや色鉛筆で描く

⑤ フローリング
木の色ムラを入れる

観葉植物と小物を描く

観葉植物は、いろいろな樹形や葉の特徴があり、難しそうに感じます。また小物は、小さいものだから細部が描きにくいと思われるかもしれませんが、それぞれコツを押さえることで形状を立体的に描くことができます。また植物についてはあまり1点透視や2点透視を描き分けなくても大丈夫です。

1 観葉植物の樹形や葉の描き方

① ポットを描きます。円柱のポットは楕円定規を使うと容易に描けます。
② 次に樹形を表現します。樹形は植物が生長するように、鉢から上に向かって枝や茎を描きます。
③ 葉の向きや曲がり具合を長方形で表現します。
④ 長方形をガイドにして、葉の形状を描きます。

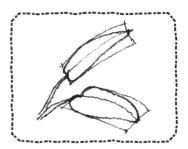

One Point 複雑な葉の形状や曲がり具合も簡単に描ける

図のように長方形の長手方向にセンターラインを引き、それをガイドにして葉の形状を描くようにすると容易に描けます。幅のある大きい葉が比較的描きやすいのですが、葉が細長いアレカヤシや複雑な形状をしているモンステラなどの植物も慣れると上手に描けます。

2 鉢や花瓶の描き方

円錐の鉢の形状は基本ですが、四角、丸、台形などの鉢を描くとバリエーションが増えます。また、鉢の土の見える部分は、ツル物などの植物を入れることで、鉢の形が描きやすくなり、見栄えもよくなります。下の図には、花瓶の形状を示します。ガラスの花瓶は、茎を薄く描くと効果的です。

土の見える部分はツル物で隠すとお洒落　　　　　ガラスの花瓶は茎を薄く描く

3 いろいろな観葉植物

植物は何種類かを定番の素材としてそろえておくとよいでしょう。たとえばエクステリアメーカーのカタログなどに掲載されている観葉植物の写真の上に、トレーシングペーパーをのせ、上から鉛筆でトレースしたものを素材としてとっておきましょう。コピー機で必要なサイズに拡大・縮小してパースに使えます。下のイラストは、それぞれの特徴のある観葉植物のスケッチ例です。

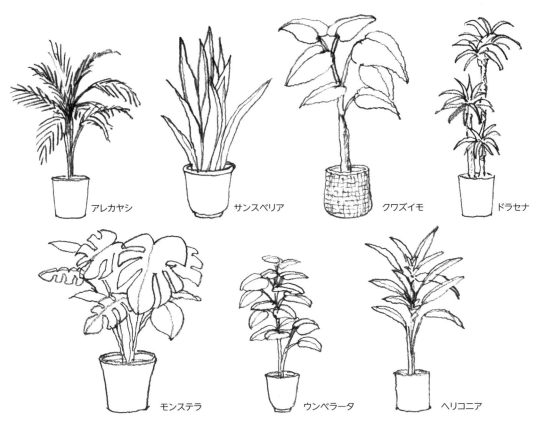

4 いろいろな小物の表現

パースの中の一部として小さく表現する小物は、細部まで描くことはできません。そのため、箱や面で形状をとらえたあと、小物らしい特徴を描き加えます。

One Point 小物は線の太さや陰影のつけ方で立体感を出す

小物は、細かく描いても見栄えのよい効果は期待できません。また、安普請な室内に見えてしまいます。図のように、小物のアウトラインを細い線で描き、厚みを太い線で使い分けることや線の強弱で陰影を描くことで、より立体感が生まれます。文房具などのかなり小さな物はフリーハンドで描いても雰囲気のある表現ができます。下の図は、フリーハンドで描き、陰影はマーカーでつけています。

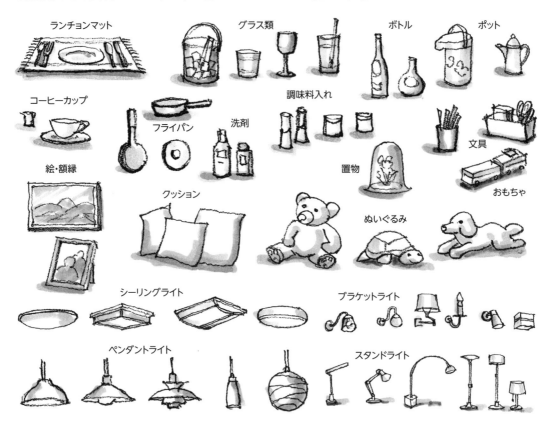

8 人やペットを描いて生活感を演出する

パースの中に人やペットを描くことは、クライアントに向けた生活感を演出する方法の1つです。人物のプロポーションやいろいろな姿勢、ペットのイラストを紹介します。

1 人物のプロポーションと姿勢

❶ 頭：体：脚の比率は1：3：4

ファッション画では9〜10頭身が理想とされているようです。約20年前のパース業界では、7.5頭身が多かったのですが、最近では、モデルのようにスタイルをよくした8〜9頭身で描いてほしいというクライアントの意見も多くなりました。私は割り付けをしやすくする

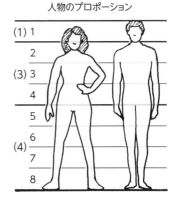

人物のプロポーション

ため、図のように、8頭身で描きます。比率で割り付ければ、基本動作はもちろんのこと、いろいろな動作が描きやすくなります。

上図のように、男性のプロポーションは、頭から股上までと股上から足のかかとまでを同寸（4：4の比率）にしています。頭を1とすると、体は3、脚は4になります。男女が並んで立っている場合や歩いているときは、女性は男性の頭の半分ぐらい低くしたバランスで描くことで自然に見えます。子どもは頭を大きくすることで、それらしくなります。また、年齢に合わせて身長を決めます。高齢者は成人女性の身長と同じぐらいか少し低めにし、メガネをかけることで表情を出します。髪の毛の色を少しグレーや白っぽくすることも、それらしく見えるポイントです。

❷ いろいろな人物イラスト

パースで使える人物イラストを掲載します。一部のイラストは家具など周辺環境も入れました。

2 ペットを描く

近年は、おおよそ3世帯に1世帯が何らかのペットを飼っているといわれています。また、不明な部分もありますが日本の総人口の約16%が犬か猫をペットにしているという統計※もあります。そこで、イラストのように犬、猫はもちろん、その他のペットも掲載しました。

※2014年全国犬猫飼育実態調査(一般社団法人ペットフード協会調べ)および人口推計(総務省統計局、2014年)より

9 パースがよくなる人物、家具、小物の配置

室内には、床はスキップフロア、天井は吹き抜け、壁は2階回廊などのさまざまなデザインがあります。人物や家具、小物、観葉植物の配置具合で、そのデザインの高さのスケールがより一層わかりやすくなります。ここでは、吹き抜けのあるLDKとエントランスホールを参考例として解説します。

1 吹き抜けと床に高低差のあるLDK

下のパースのように、高低差のあるLDKの低い位置や高い位置に、それぞれ立っている人、座っている人を配置することで、高さがわかりやすくなります。スキップフロアの階段部分に上る人や下りる人を入れることも段差を見る人に感じさせるポイントです。

一般に、人の身長は、アイレベル(EL=1500mm)、ダイニングテーブル(H=700mm)や手すり(H=750～850mm)の高さのスケールから割り出します。詳細は、p.49～51を参照してください。

パースでは、③、④の人物配置で床の高低差をわかりやすくしています。立っている人はEL=1500mm、座っている人はEL=1200mmで表現しています(p.28参照)。なお、説明のため人物を数多く配置していますが、実際は、プレゼンの用途や家族構成に合わせて適宜、人物を配置します。

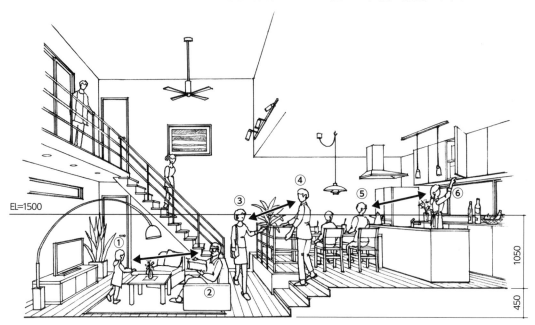

One Point パースの構図づくりは生活のストーリーを考える

パースの構図をつくるときに大切なことは、人物を上手に配置して、どんな生活をしているのかストーリーをつくり演出することです。上のパースのように家族の視線と動作が重要になってきます。たとえば、①↔②、③↔④、⑤↔⑥の人物は、会話をしているイメージでストーリーを展開します。

2 見栄えのよいエントランスホール

下のパースの生活のストーリーは、「お母さんに買い物を頼まれた子どもが帰宅。お母さんが出迎えている。お父さんも2階から下りてきた」というものです。

まず、階段の段差が手すり壁で隠れていても、下りる人物を入れることで、高低差を感じることができます。また、画面の手前は大人を入れずに、背の低い子どもを入れることで、奥の部屋のデザインを隠すことなく遠近感を演出することができます。観葉植物は、左下や右下の手前に近景として配置することで、安定した構図になります。

見えないスロープや階段の段差は人物を入れて高低差を感じさせる

手前の観葉植物と奥の人物を重ねて遠近感を演出

クライアントの好みそうな小物を配置する

手前に人物を入れる場合は、背の低い子どもにして室内空間を見せる

近景に観葉植物を配置して安定した構図とする

One Point 「重ね遠近法」で奥行きのある室内空間を演出しよう

「重ね遠近法」とは、手前から奥へと物を重ねて描くことで奥行きを出す遠近法です。
上のパースのように、左側部分と右側部分で、物と物を重ねて遠近感を強調できます。
左側部分：①スリッパ立て → ②階段手すり壁 → ③人物 → ④階段壁のニッチ
右側部分：①右手前の観葉植物・その奥の低いプランター → ②右側面壁の窓・人物

10 クライアントの気持ちをつかむ「客前スケッチ」の描き方

Chapter1でお話しした、クライアントにデザインの説明をするときの手助けとなる「客前スケッチ」の描き方を解説します。客前スケッチには下図がなく、感覚で決める部分が多くなります。まずは、基本となる「グリッド図法」を理解してから、描くことにしましょう。

1 簡略「グリッド図法」のラフスケッチ

平面図のように、間口、奥行きともに3640mmの四角い部屋を考えます。
1グリッド910mm角になるように割り付け、縦軸は0、1、2、3、4の数字を、横軸はa、b、c、d、eのアルファベットを記入します。
次に、縦軸2と3の間から見た方向の1点透視のパースを描きます。
細かいことは一切気にせず、フリーハンドで描きます。

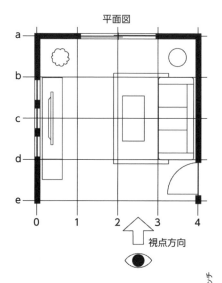

❶ 正面の壁となる展開図を描く

図のように、間口910mm×4ピッチ、天井高910mm×2ピッチ+2/3ピッチの比率をフリーハンドで描きます。実際は、天井高は2427mm程度になりますが、近似値なので気にしません。

❷ アイレベルと消失点を設定する

アイレベルをEL=1500mmとし、消失点は単調なアングルになりやすいのでセンターを避けます。横は平面図の縦軸2と3の中央に設定し、縦は1ピッチ+2/3ピッチの位置とします（アイレベルは1500mmで、1ピッチは910mmなので、910mm×1ピッチ+2/3ピッチ=1516mmですが、近似値なので気にしません）。

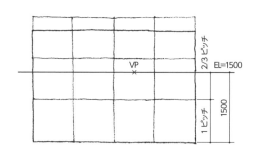

❸ 床、壁、天井を描く

図のように、消失点から正面の壁（間口4ピッチ×奥行き2と2/3ピッチ）の四隅に向かって各々線を引くことで床、壁、天井が描けます。床は、消失点から1、2、3に向かって線を引きます。この線は、奥行き方向に線を引くことになります（平面図から、奥行き方向である縦軸0、1、2、3、4は、すべて平行なため、縦軸方向の消失点にすべて収束します）。

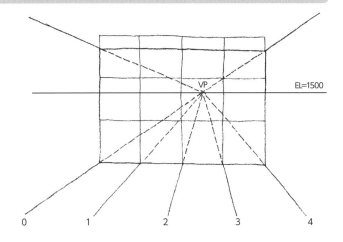

❹ 床面にグリッドをつくる

図のように、最奥の線を間口1.5ピッチ分左に延ばしたところから垂直に下ろした線と、0軸との交点を奥行きの長さとします。交点から、床面に対角線を入れることで、床面に間口4ピッチ、奥行き4ピッチのグリッドができあがります。

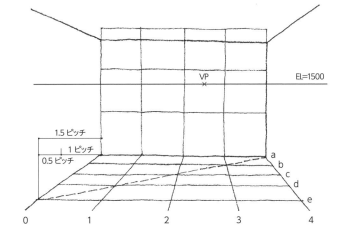

 **なぜ1.5ピッチ?**

経験的なものですが、1グリッドの間口方向を1.0とすると、奥行き方向は0.4〜0.5程度の比率が見栄えのバランスがよく、1.5ピッチは、これに近い比率です。

 面の分割は対角線を使うと簡単にできる

左の図のように、パースの床面は、対角線を引くことで間口を2分割、奥行きも2分割できます。また、図2のように、対角線によって簡単に床面を複数分割することができます（上は平面、下がパース）。

 2分割　 3分割　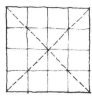 4分割

❺ ドア、窓、家具の位置を出す

p.76の平面図のグリッド割り付けをガイドに、床面に家具やドア、窓の位置を出します。また、EL＝1500mmを基準にして、ドア、家具、窓の高さを出します（詳細はp.47 OnePoint参照）。窓の位置は、左側面の壁部分にグリッドを入れてから出すと簡単にできます。これで下図ができあがりました。

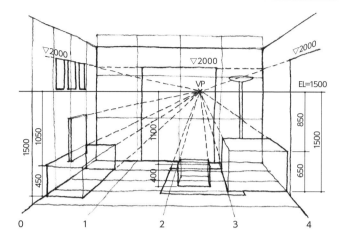

❻ フリーハンドでスケッチを描く

❺の下図の上にトレーシングペーパーをのせます。その上から鉛筆で、手前の物から奥の物へと描いていきます。フローリングの目地の線は最後に引きます。左側はスピーカー → テレビ → テレビ台 → 観葉植物の順、右側はソファー → スタンド照明、中央は、花瓶 → テーブル → カーテンボックス → カーテン、サッシの順に描かれています。

❼ 陰影をつけて完成

モノクロの場合はハッチングで陰影をつけて立体的にします（p.39参照）。木目などのテクスチャーや映り込みの表現を入れると効果的です。カラーの場合は、色鉛筆やマーカー程度で簡単に着彩します。床、家具、窓ガラス、植栽の4色程度で十分効果的に雰囲気を出すことができます（p.88〜89参照）。

フリーハンドスケッチの完成

2 客前スケッチの描き方

簡略グリッドの作図法が理解できたら、いよいよ「客前スケッチ」を描きます。前ページと同じ図面の内容をもっと簡略して、すべてフリーハンドで描きます。細部は一切気にしないでください。手順の詳細はp.76〜78と同様です。❶〜❹までは下描きなので、薄い線で描きます。

❶ 正面の壁を描く

まずは910mmグリッドの、間口4ピッチ、天井高2+2/3ピッチのものさしをつくります。

正面の壁の当たりをとる

❷ アイレベルと消失点を決め、入隅ラインを入れる

次にグリッドの当たりから正面の壁を描き、EL=1500mmの線を引き、アイレベル上に消失点を決めます。

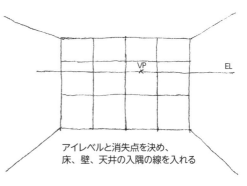

アイレベルと消失点を決め、床、壁、天井の入隅の線を入れる

❸ ドア、窓の位置を出す

p.77❹のように、壁の左側の間口方向に1.5ピッチをとり、垂直に下ろしたところから、右の図のように、床面に対角線を入れ、4ピッチ×4ピッチのグリッドをつくります。また、窓、ドアの当たりもとります。

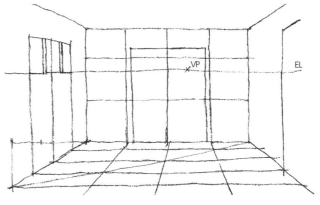

❹ 家具の高さを出し、箱で表現しておく

平面図を見ながら、床のグリッドを目安にしてテレビ台、テーブル、ソファーのボリュームを箱で当たりをとります。右のソファーは形を表現しています。ここまでが構図の下描きになります。

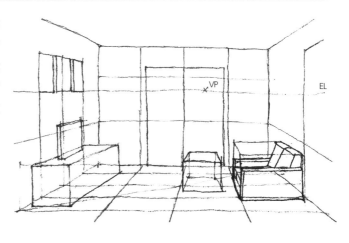

スケッチ力を身につける

❺ 下図を目安にしてスケッチ

手前から奥へと描いていきます。下描きの線が残っていても気にしません。生活感のある観葉植物や小物も忘れずに入れましょう。

❻ 完成

陰影とテクスチャーを出して完成です。

● 鉛筆仕上げ
ハッチング技法でシャープに

● マーカー仕上げ
塗り仕上げでソフトに

One Point 大切なことは、ただ描くのでなく、クライアントと会話をすること

客前スケッチをするときに大切なことは、クライアントと会話をすることです。シンプルなソファーのある壁際には、好みの絵を飾り、窓越しにはコーヒーブレイクのできるテラスと、きれいな花が咲いた素敵な庭が広がっている……など、生活をイメージした内容の会話をしながら好みをパースに反映します。

11 平面図はCAD図を下敷きにして味のあるタッチで描く

ここまで主にパースを中心としたスケッチを紹介してきました。ここでは平面図をスケッチ風に描く方法を紹介します。クライアントは建築の専門家でないため、いわゆるCAD図面を見ても室内の動線やイメージが、わかりにくいことがよくあります。平面図にもスケッチ力を生かすことで魅力的な図面を描きましょう。

1 定規を使って鉛筆のタッチを生かす

❶ CAD平面図を出力する

右図のように、寸法記入のない平面図を出力します。この平面図を下敷きにして手描き平面図を製作していきます。

❷ CAD平面図に小物などを入れ下図をつくる

出力した❶のCAD平面図に、間取りや家具のみでなく、クライアントの生活感をイメージできる観葉植物、小物、バルコニーのデッキ、ガーデンファニチャーなどの当たりを入れ込み、下図をつくります。

❸ 下図にトレーシングペーパーをのせてスケッチする

❷の下図の上にトレーシングペーパーをのせてスケッチをしていきます。躯体→開口部→家具→小物の順に描いていきます。躯体は太い線で描きます。筆圧の具合で、線の強弱を出して描くと味のあるスケッチが描けます。

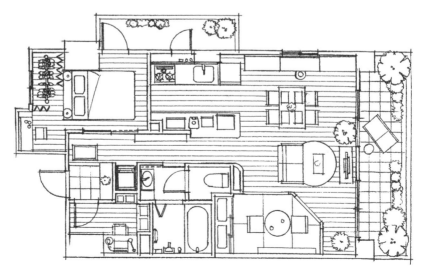

❹ 陰影をつけて完成

図のように、躯体はハッチング技法を用いて濃く塗ります。家具や小物などの陰影は、方向を決めて太い線で描きます（図は斜め右下に影を落としています）。初期のプレゼンにおいて、クライアントにカラーを印象づけたくない場合は、モノトーン仕上げにしましょう。

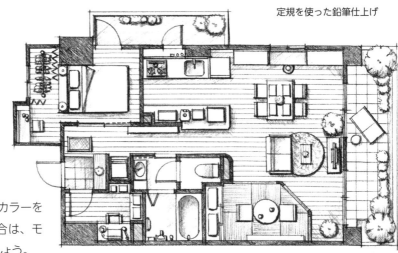

定規を使った鉛筆仕上げ

2 フリーハンドのペンスケッチで生活感をイメージさせる

❶ CAD平面図にトレーシングペーパーをのせてスケッチする

p.91 ❶❷❸と同様に、CAD平面図を出力し、上にトレーシングペーパーをのせてスケッチします。

❷ 陰影や色をつける

躯体を濃く塗り、陰影や色をつけて完成です。
躯体や陰影は、デザインペンとマーカーで着彩しています。

One Point

人物は生活感をイメージさせる

生活感を強調させる方法として、人物を添える方法があります。左の図のように、ソファーや椅子に座る、食器を洗う、運ぶなどの動作を入れ込むことで効果を発揮します。

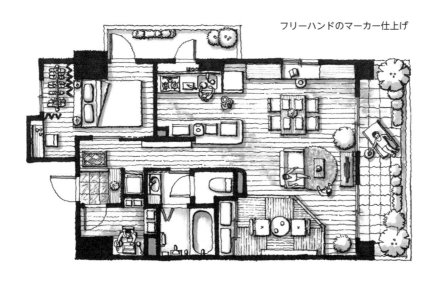

フリーハンドのマーカー仕上げ

12 リフォームに役立つ現場写真を利用してパースを描く

近年住宅産業は、新築工事が大幅に減少し、室内外のリフォーム工事が年々増加しています。リフォーム事業は、新築当時の図面が手に入りにくいこともあるため、CADパース製作に手間がかかります。そこで、現場写真を利用して室内リフォームのデザインを提案するスケッチパースの描き方を説明します。ここでは、キッチンのリフォームのプレゼンパースを製作します。

1 現場を撮影する

パースアングルに使用する写真

パースを描くための、リフォームする場所を写真撮影します。できるだけ、1点透視または、2点透視のアングルになるように撮影します。1、2点透視のアングルにならない場合は、Photoshopなどのソフトの変形機能を使って補正します。また、撮影した現場写真は出力すると暗く、形状がわかりにくいときは、写真を明るく調整します。

周辺状況のわかる写真

One Point 写真1カットで、描きたいパースアングルがすべて入るとは限らない

4畳半〜6畳間程度の広さの場合は、室内は壁やふすまなどの間仕切りがあることから、カメラの引きが少ないため、1カットで描きたいところがすべて入るアングルが撮れません。そこで、左の写真のように、周辺状況のわかる写真も撮影する必要があります。この場合の写真は、周辺資料であるため、3点透視のアングルになっていても構いません。

現場写真から
アイレベルと
消失点の設定をする

2 アイレベルと消失点の設定

現場写真は、2点透視になっています。写真のように、奥行き方向のVP₂を出しアイレベルを決めます。間口方向は、現況のサッシやタイル目地などをガイドにして、右手遠くのアイレベル上にVP₂があることを意識しておきましょう（p.45参照）。

3 下図をつくる

2の写真の上に、赤いボールペンや色鉛筆でリフォームする商材を入れ込みます。必要に応じて、タイルやフローリングなどの目地を入れておくと、あとのスケッチ作業が容易になります。これで下図は完成します。下図の上にトレーシングペーパーをのせたとき、下図の線が見にくい場合は、のせたトレーシングペーパーの上から下図をトレースして、線画の下図をつくっておくと便利です。

 商材や部材のサイズを正確に入れ込む方法

アイレベルから床まではどこでも同じサイズです。たとえば、EL=1500mmの場合はキッチンの高さが850mmなので、キッチンの天端からアイレベルまでは650mmとなります。アイレベルを基準に商材や部材の高さを割り出しましょう（p.47参照）。また、タイル目地もサイズの参考になります。

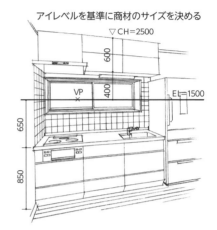

アイレベルを基準に商材のサイズを決める

4 スケッチをする

3の下図の上に、トレーシングペーパーをのせて、鉛筆（シャープペンシル）または、ミリペンを使ってなぞるようにスケッチします。手前の物から奥の物へと描いていきます。右のスケッチは、定規を使ってミリペンで描いています。

ミリペンで描いたスケッチ

完成パース（マーカー仕上げ）

5 色付けで完成

4のスケッチをコピー機でプリントした用紙に、マーカーや色鉛筆などで着彩します。プレゼンの段階で材料（素材）や商材の色が決まっていない場合は、モノクロ仕上げにします。商材を目立たせるために、天井、壁は着色しません。左のパースは、マーカー仕上げの完成例です。

Chapter 5 カラーリングのテクニック

スケッチが仕上がると、最後はカラーリング（着彩）です。
ここでは、カラーリングに使う扱いやすい画材の紹介と
それぞれの画材の着彩技法について解説をします。

1 いろいろな画材とその特徴

インテリアパースのカラーリングに使用する画材で、もっとも扱いやすい代表的なものに、色鉛筆があげられます。失敗が少なく、ハッチング技法できれいな仕上がりになるのですが、作業に時間がかかることや、コピーをとるときに、あらかじめ強めにコントラストをつけたり濃くするなどの色調整をしないと、明るい色は発色が弱くなり、仕上がりにインパクトが欠けることがよくあります。

マーカーは、コピーをとっても発色がよく、コントラストもはっきりしていますが、塗り方が難しく、練習が必要です。そのほかに、広い面が塗りやすく、短時間で着彩できるパステルや、高度な技術が必要ですが、自由に混色して好みの色をつくり、筆で塗る透明水彩絵の具もあります。

それぞれの画材の特徴と着彩例を示しますので着彩のちがいを比べてください。

注）各画材の題名の下にある単色の色塗りは、左から1度塗り、2度塗りになっています。

色鉛筆

水に濡らす

●長所
失敗が少ない。
ハッチング技法できれいに描ける。
短所
コピーをとると薄い色が飛びやすい。
色みや明度の色調整が必要。

マーカー

長所
短時間で描ける。
コピーをとってもメリハリが失われず、インパクトがある。
短所
技術習得が難しい。

パステル

長所
広い面が素早く塗れる。
ソフトでくせのない仕上がりになる。
短所
コピーをとると薄い色が飛びやすい。
色みや明度の色調整が必要。

透明水彩絵の具

長所
自由に色がつくれる。
素早く塗れる。
短所
筆の色塗り技術の習得が難しい。

2 失敗の少ない色鉛筆はハッチング技法で

色鉛筆は、ただこするように塗るのではなく、石膏像の鉛筆デッサンのように、ハッチング技法（右下の図参照）を用いて重ね塗りすることで、手慣れたプロデザイナーが仕上げたイメージになります。

1 種類と線のタッチ

やわらかい色鉛筆　　　固い色鉛筆　　　水に溶ける色鉛筆

色鉛筆のメーカーは、ファーバーカステル（FABER-CASTELL）やスタビロ（STABILO）などがあり、芯の硬さはちがうので用途に応じ使い分けます。また、水に溶ける色鉛筆もあります。これは、塗った部分を、水に濡らした筆やティッシュで触るように塗ることで、メリハリの効いた仕上がりになります。上の色鉛筆のハッチングから、芯の固さによる塗り具合のちがいを比べてください。また、下の図のように、1度塗り、重ね塗りの練習をしてみましょう。塗っていると、すぐ鉛筆の先が太くなります。こまめに鉛筆削りで削ることで、ハッチングの陰影が、きれいに表現できます。

重ね塗りで陰影をつけた立方体

1度塗りと重ね塗り

2 塗り方の手順

❶ 壁、床の順に着彩する

壁は、天井と壁が接する入隅部分を濃く、床方向に向かって薄くなるように塗ります。ダウンライトの光の当たるところは白抜きにして雰囲気を出します。床面は、手前を濃く塗り、壁やカーテンの映り込みを入れます。また、天井は白抜きにします。

❷ 家具、小物などを着彩する

造り付けのサイドボードやテーブル、椅子、観葉植物などを塗ります。窓ガラスは、クールなグリーン系の色でハレーションや外部の植栽を入れます。

❸ 陰影をつけて完成

家具や観葉植物などの、床に落ちる影を入れます。小物や床、気になるところをタッチアップ（加筆）して完成です。

One Point 仕上がりのよさはタッチアップ次第で決まる

色鉛筆仕上がりで重要なことはメリハリです。仕上げ作業のポイントは、家具などの影の落とし具合はもちろんですが、テーブルや椅子の脚の側面、ビンや置物などの小物の陰でコントラストをつけ、立体感を出すことで見栄えの良い仕上がりになります。

3 短時間で仕上がるマーカー

カラーリングに最低必要なカラーは、暖かみのあるウォームグレーやクールグレーとベージュの濃淡の2色、観葉植物や窓越しに見える植栽のウォームとクールの2色のグリーンをそろえておくことで、おおむねパース全体を着彩することができます。右下の図のように、インクがなくなったら補充用インクもあり、補充液同士を混色してオリジナル色をつくることもできます。

1 種類と塗り方

ツインマーカー　　筆タイプ　　補充液

マーカーの商品は多数ありますが、アースカラー系のペールトーン(暖色系の薄い色)がそろっていることから、コピック(COPIC)などがおすすめです。左下の図のように、2種類の太い線と1種類の細い線が引けるツインマーカーになっています。前者は広い面を、後者は細部の着色にむいています。観葉植物などの不整形部分は塗りやすい筆タイプもあります。画材店で研究してみましょう。左の図のようにフリーハンドで1度塗り、重ね塗りの練習をしてみましょう。スピードが大切です。細かいはみ出しなどは気にせずに腕のストロークで塗ります。

太い線
細い線

1度塗りと重ね塗り

2 着彩手順

❶ 壁、天井、床を着彩する

基本的な塗り方は、広い面、明るい面から着彩します。薄い色の細いペン先で、壁と天井際を縦方向に塗ります。天井は白抜きにします。次に床を塗ります。壁や天井は白抜きにして、床や家具の着彩で効果を出す方法もあります。

One Point

床のフローリングは、映り込みやハレーションを上手に入れる

左のパースのように、木製ドアや鉢などの映り込みを濃く、掃き出し窓の下は、外の光のハレーションを表現するために薄く塗ります。白抜きにする部分があっても構いません。重ね塗りで明暗を出します。

❷ 家具、小物などを着彩する

次に、ソファーなどの家具、ラグ、ドア、カーテンなどの小物を塗ります。家具は面分けで立体的に、カーテンのドレープは、細いペン先で程よく色を入れることでやわらかい表現ができます。

❸ 陰影をつけて完成

家具やタペストリー、額縁などの影を落とします。また、物足りないところをタッチアップして完成です。

家具は、直下に光が当たったときの影を落とします。窓ガラス越しから入る陽ざしによって落ちる影は落としません。パースの左手前のソファーのように、ラグやフローリングに落ちる影は、濃いグレーや濃い茶色のように、その素材の濃い色を塗ることで、リアルな影を表現できます。

4　画材を組み合わせて使う

前ページまでのように、マーカーや色鉛筆などは、その画材単体のみで着彩していますが、画材を併用することで、仕上がりが一層よくなる方法があります。

1　テクスチャー（質感）がリアルになるマーカーと色鉛筆

マーカーと色鉛筆を併用すると質感がリアルになり、魅力的な仕上がりになります。マーカー着彩のみのパースとマーカー＋色鉛筆のパースを比べてご覧ください。右のパースは、マーカーのみの着彩です。あっさりとした仕上がりです。下のパースでは、ベースをマーカーで塗ったあと、その上から色鉛筆でタッチアップしました。また、マーカーでは表現が難しい壁や天井の間接照明の陰影も、色鉛筆のハッチング技法で容易に描けます（詳細な表現は、p.39、86を参照）。

マーカーのみのパース　Before

マーカー下地＋色鉛筆仕上げの完成パース　After

ドアの木目

床やテーブルの質感　　ラグの毛の質感　　ソファーのクッションの色

2 広い面をパステル、陰影は色鉛筆で

もっとも短時間で素早く着彩できる画材は、パステルです。あまりメリハリが出ない手法なので、ソフトタッチの「ふんわりしたイメージ」の仕上がりが特徴です。本来のパステルの使い方は、紙にパステルをこすりつけ、ティッシュで拭い、塗りたい画面に広げる手法が定番です。そのほか、塗りたい画面の上に、パステルをカッターで削り、落ちた粉を指でこするように広げて塗ることで、好みの濃さで着彩できます。

❶ 壁、床などの広い面を着彩する

パステルの粉を指でこすって塗ったあと、はみ出した部分は、練り消しゴムで画面をたたくと簡単に消すことができます。壁面は、天井部分をコピー用紙などでマスクすることできれいに塗ることができます。

❷ 家具やラグなどを着彩する

家具を塗ったあと、カーテンや観葉植物などは、パステルの粉を別紙にのせ、綿棒の先につけて塗るようにします。額縁や小物などの小さい面は、色鉛筆で着彩します。

❸ 色鉛筆で陰影をつけ、細部をタッチアップして完成

家具などの質感は、色鉛筆での表現でリアルになり、陰影をつけることでメリハリが出ます。あまり陰影を強くし過ぎると、パステルの「ほんのり」した特徴がなくなってしまうので気をつけましょう。床や窓ガラスのハレーションは、字消し板（p.35参照）で押さえて練り消しゴムでたたくと光った表現が容易にできます。仕上がったあとは、色落ちしないように、定着させるスプレーを噴霧します。定着スプレーには「フィキサチーフ」などがあります。

One Point
ファブリックのパターン表現

カーテンなどのパターンは色鉛筆で表現すると効果的です。パターンは抽象的な表現にすると、よい仕上がりが期待できます。

5 臨場感のある透明水彩絵の具の着彩

透明水彩絵の具は、混色して色をつくり出せるので、家具や仕上げ材料の色を、かなり正確に出すことができます。絵の具は、比較的安価なホルベイン（HOLBEIN）や、高価ですが発色のよいウィンザー＆ニュートン（Winsor&Newton）を筆者は使用しています。

❶ 植栽と床、天井、その他の木部を着彩する

最初に近景の植栽を着彩します。植栽や観葉植物の背景にある、濃い床や建具などの色を先に塗ってしまうと、明るい葉や緑の色と混ざってきれいに見えません。先に葉の色を塗り、その後、葉の色をよけるように背景の色をのせます。次に、木の素材を、床→天井→ベンチ、デスクの順に着彩し、そのほかの建具、書棚などの木部も塗ります。

トップライトの日差しが室内に入り込む部分の表現は、天井の色よりも明るくします。

One Point　建具など細い部分や丸柱は溝付き直定規を使う

建具の細い枠や丸柱の立体表現は、筆のみのフリーハンドで塗るのは慣れていないと難しいものです。右の図のように、先の丸いガラス棒と溝の付いた直定規を使って、細長い線を引くことができます。ガラス棒と筆は、箸を持つようにして、直定規の溝にガラス棒の先をのせて滑らせるように引いて細い線を描きます。

❷ 小物を着彩する

木部よりも濃い色の家具、同じ色の家具やオーディオを着彩します。次に、クッションやグラスなどの小物、そのあと、トップライトの日差しをよけるように側面の壁に陰影を入れます。

❸ 人物を着彩、木部の質感を出して陰影をつけて完成

人物は、服から塗っていきます。手前は明るい色、奥は紺色などのクールな濃い色で引き締めると遠近法が強調されます（この手前から奥に物と物とを重ねて遠近感を出す方法を重ね遠近法といいます）。木目や物足りないところをタッチアップし、陰影をつけて完成です。このパースは日本人、欧米人の生徒がいる外国人用教員住宅なので、髪の毛や肌の色を変えて、先生と生徒を表しています。

6 さまざまなテーマをもったパースの紹介

ここでは、企画物件や図面がなくても表現できるテーマをもった「手描きパース」の事例紹介と、それぞれの画材のポイントとなる部分の表現方法を説明します。

1 お部屋に飾る「住まいの絵」

大手ハウスメーカーの社内コンテストに入賞した住宅を、室内に飾る水彩画として制作し、エンドユーザーにプレゼントするという目的で描いたものです。

画材
透明水彩絵の具（ホルベイン）

着彩表現
鉛筆のフリーハンドスケッチに透明水彩絵の具で着彩。パースのかっちりした表現ではなく、ソフトな絵画のような仕上がり。

リビング
照明は、明るい部分は白抜きにして自然なライティング効果を演出しました。ガラステーブルの上に置かれた物の映り込みやクッションのパターン表現をすることで、リアルで上品なイメージになります。

エントランス・ウェルカムホール
和モダンのエントランスホールです。ダウンライトの明かりが壁に映るやわらかい雰囲気を演出しました。黒いソファーやクッションは、ハイライトを白抜きにして、立体感を出しています。

彫金工芸アトリエ
金属加工の機械類が固い物なので、椅子やテーブルなどの影を床にやわらかく落とすことで、趣味の工芸アトリエのほのぼのとした雰囲気を出しました。

2 ペットのいる生活を表現

クライアントが「マンションで犬と共に暮らす」ことをテーマにした生活を、スケッチで提案しました。ペットと共に快適に暮らすための工夫を、画材のタッチでも表現しています。

画材
・マーカー（コピック）
・色鉛筆（ファーバーカステル）

着彩表現
エントランス・LDKパース共に、床、壁の広い面は、薄いベージュ（コピックのE41）で着彩し、細部を色鉛筆で表現。

エントランス
散歩から帰った飼い主が、ペットの足を洗おうとしているシーンを描き、玄関へのこだわりを表現しました。実際のマンションの玄関スペースには、すべてのアイテムを入れるのは難しいですが、ペットのための足洗い場や洗面台、おしっこシートや消臭剤などの収納場所がわかるように表現。ダウンライトの光が壁に当たる部分は白抜きにして、天井と壁の入隅部分は濃く、床の方向に下がるにつれて、薄くなるように塗ることで自然な陰影効果を出しています。

リビングダイニング（汚れ、におい対策）
壁はにおいを吸着する珪藻土（けいそうど）を使い、床は掃除の楽なテラコッタタイルの質感を出しました。丸テーブルや椅子を置き、飼い主がペットに目が届くようにしました。

3 異文化をイメージさせる

画材　パステル＋色鉛筆
着彩表現　壁や窓の外の空のやわらかい表現はパステル、小物や盆栽などは色鉛筆。

日本人と欧米人の学生がいる大学の外国人用教職員住宅を描きました。

外国人用教職員住宅のキッチン

キッチン回りのお刺身を盛り付けている雰囲気や、ダイニングテーブルの上には盆栽を置いて、欧米人に人気のある日本のイメージを演出しました。ワサビのチューブや醤油ツボの丸み表現はテカリを入れることでリアルな雰囲気に。

4 商品開発プレゼン用パース

大手ハウスメーカーの商品開発プレゼン用パースです。

画材　色鉛筆（ファーバーカステル）
着彩表現
夕方から夜景になりつつある空の表現は、下から上に、黄→ピンク→青紫→青の順に塗り重ねて描く。

アウトドアリビング

インテリアとエクステリアの中間領域に配置されたリビングで、客を招いて豪華なディナーを楽しむ雰囲気を描きました。植栽はアッパーライトが当たっている部分は明るい黄色を塗っています。

Chapter 6 プレゼンに役立つカラーコーディネート

インテリアデザインを検討するときに意外と苦労することは、カラーコーディネートです。カラーコーディネートは、ただなんとなく、または、意味なく配色するだけでは、クライアントは理解してくれません。本章では、クライアントに説明し、説得するために有効なカラーコーディネートを紹介します。ぜひ参考にしてください。下表に、デザインコンセプトに合わせたカラーコーディネートを考えるための、6つのイメージキーワードとカラーイメージの特徴をあげました。

キーワード	カラーイメージ	イメージの基調色	コーディネート	文字の色
ナチュラル	温かみのある自然素材の質感を生かした柔和なイメージ	アイボリーや明るいベージュ	ソフトな色使いでまとめる。無地調、緑が似合う	黄緑、深緑
カジュアル	明るく楽しい軽快なイメージリズミカルな配色	白やアイボリー、ベージュを広い範囲に使い基調色に	基調色に橙、赤、黄、青などのアクセントカラーをプラスして明度を調節して使う	橙、赤、青、黄、緑などの鮮やかな色
エレガント	穏やかで優しいフェミニンなイメージ	温かみのあるグレー、ベージュ、ワインベージュなど穏やかで優しい色	落ち着いた温かみのあるグレーやワインベージュなどと白をアクセントにしてまとめる	エンジ、赤茶
クラシック	伝統的で落ち着いた色調重厚なイメージ	渋みのある茶系色を基調とする重厚な色使い	アクセントはモスグリーンやオリーブグリーンなどの穏やかな色	こげ茶、エンジ、モスグリーン
シック・モダン	モノトーンベーススタイリッシュなイメージ	グレー系の色を基調色にする	色調のコントラストは穏やかにワンポイントの赤やエンジでモダンに	黒、濃いグレー
クリア	清潔感のあるすっきりとしたシンプルなイメージ	白を基調にアイボリー、淡いグリーン、ブルー系	寒色系のソフトな色調と白、アイボリー、無地でまとめる	濃紺、エメラルドグリーン

下記の3つの色は、配色の割合を示す基本用語になります。参考までに、一般に言われている比率もあげました。この比率は、図面の面積でなく見た目の広さの目安になります。

- 基調色（ベースカラー）　　　一番広い面積を占める部分で、ベースとなるカラー（75％）
- 配合色（アソートカラー）　　基調色に沿う二番目に広い面積を占めるカラー（20％）
- 強調色（アクセントカラー）　全体の色調をまとめるワンポイントとなるカラー（5％）

※右枠の「文字の色」は、プレゼンシート作成のときの文字の色を想定しています。

1 ナチュラル

ダイニングキッチン：木（もく）のテクスチャーを生かした自然なイメージ

白い壁や天井以外は、できるだけ木仕上げにしました。ダイニングテーブルや食器収納の面材は明るく、対面キッチンの面材は暗くすることで、単調さをなくしました。

窓越しの庭の芝生や植栽も見せることで自然なイメージが強調されます。

木の色調のコントラストで単調さをなくす

2 カジュアル

子ども室：家具や小物をアクセントにした楽しく明るいイメージ

床、壁、天井を白にすることで、黄緑色の飾り棚や黄色のクローゼットを引き立て、楽しさを出しました。カーテンやベッドシーツをオレンジ色のパターンで統一し、明るく可愛らしくしました。

黄色のクローゼットの前にグリーンの観葉植物を置くことで互いの色の相性がよくなります。

ホワイトベースにビビッドな色調を配置

3 エレガント

リビング：ワインベージュを使った優しいフェミニンなイメージ

壁とソファーのワインベージュの濃淡と、化粧廻り縁と幅木や収納扉の白の対比で、フェミニンなイメージを出しました。この白を入れることで清潔感が生まれます。

ペンダント照明のチェーンや鏡の枠などは、マットなシャンパンゴールドにすることで上品さを出すことができます。

ワインベージュ基調で白が映える

4 クラシック

リビング：重厚感のある高級なイメージ

茶色系のコントラストとクラシックな家具の構成で、落ち着きと重厚感が生まれます。

こげ茶色の小物入れや飾り棚などの調度品を置くことで伝統的な高級感を演出できます。ベージュ基調のじゅうたんに落ち着いたグリーンのパターンを入れることで茶色系の単調さをなくします。

茶色系のコントラストで落ち着きを演出

5 シック・モダン

ガレージインダイニング：モノトーンの構成でスタイリッシュなイメージ

白御影磨きの床、タイルの壁や天井といった、テクスチャーのちがう白と、ダイニングテーブルや対面キッチンの面材の黒とのコントラストでシックなイメージを演出しています。

ダイニングキッチンからの窓越しに見える主役のポルシェはアクセントカラーの赤。

テクスチャーがまちまちな白を基調にモノトーンの濃淡を生かす

6 クリア

リビングダイニングキッチン：クールですっきりしたシンプルなイメージ

白の大理石本磨きの床やマットな壁、天井をベースに、ドアやキッチンの面材を爽やかなペパーミントグリーンで引き締め、リゾート感覚の雰囲気にしました。

2階の回廊の手すり壁は、半透明のガラスですっきりしたシンプルさを出しました。

白を基調にクール系のグリーンのアクセントで

付録 パースガイド

室内パースを描くときに、便利なパースガイド (p.102〜105) を用意しました。

- 床、壁に910mmのグリッドを割り付け、間口、奥行き共に3640mm (2間) の部屋となっています。
- 天井は、約2400mmと約2700mmの寸法が両方使えるようになっています。
- アイレベル (EL) は、人が立ったときの視線にあたる1500mmになっています。
- 1点透視図は、消失点 (VP) が、センター (p.102)、左寄り (p.103) の2アングルです。
  2点透視図は、消失点が、左寄り (p.104)、右寄り (p.105) の2アングルです。
- 1点透視図の消失点が右側の場合は、左寄り ((p.103) を反転して使います。
- 間口方向にグリッドを増やす場合は、下の図のように、壁の1グリッドの対角線 (a) を引いて、床、壁を増やします。奥行き方向も同様に、床面のグリッドの対角線を引いて増やします。

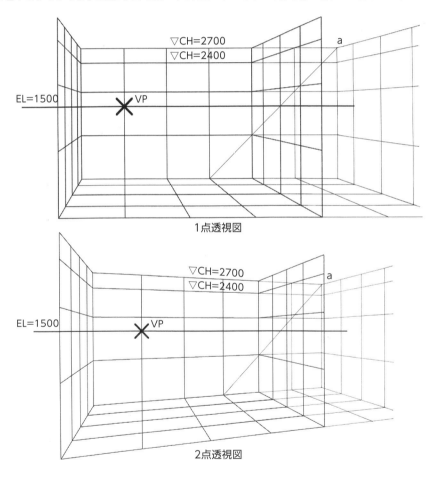

1点透視図

2点透視図

初期プレゼンのイメージ段階や、客前スケッチを描くときに使用できる、扱いやすいパースガイドになります。また、インテリアデザインの検討にもお役立てください。

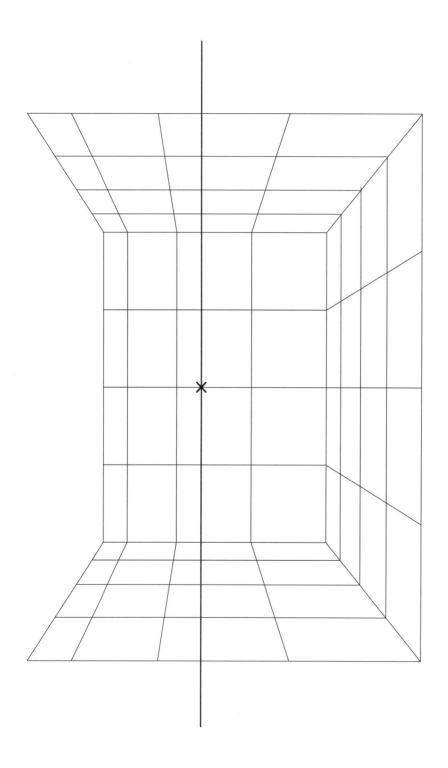

1点透視図 消失点センター

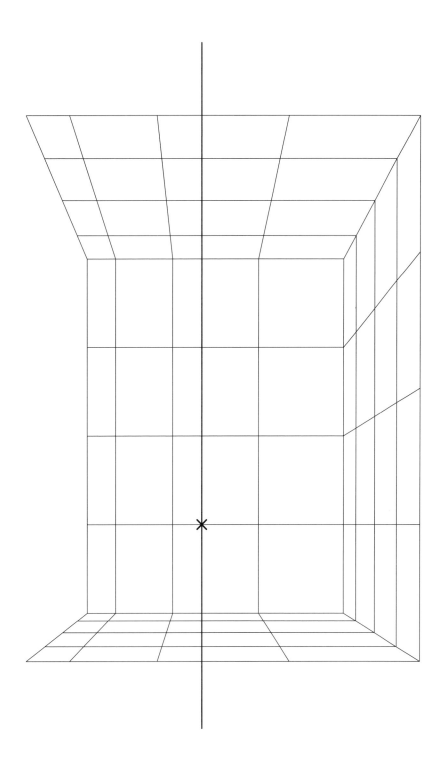

1点透視図　消失点左寄り

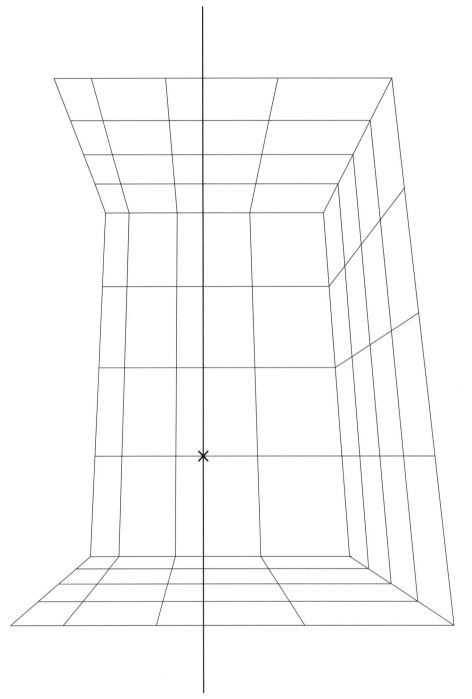

2点透視図　消失点左寄り

2点透視図　消失点右寄り

105

参考文献

日本カラーデザイン研究所編
『カラー・イメージ事典』
講談社、1983年

岩井一幸、奥田宗幸著
『図解 すまいの寸法・計画事典 第二版』
彰国社、2004年

資料提供者・協力者(掲載順)

p.11、66　　東急不動産株式会社
p.13、81　　有限会社アルファ設計事務所
P14上2点　　佐藤慶子
p.15上2点　　株式会社フォーカルデザイン
p.20上段左　　三井ホームデザイン研究所
p.67下　　　株式会社ライズ
p.86、87　　大和ハウス工業株式会社
p.95　　　　株式会社EST produce

CADパース作成

冨多歌子(イメージフィールド)

装丁・本文デザイン

篠原孝治(BANANA Design Factory)

おわりに

　住宅インテリアのプレゼンテクニックの世界は、いかがだったでしょうか？
　近年、パースやプレゼンテクニックのノウハウをテーマに、大手ハウスメーカーの設計研修を行っています。3〜4年前は、CADの図面・パースでプレゼンをする設計者が多かったのですが、近年、初期プレゼンにおいては、半数以上が手描きで行ってきている実感があります。
　「なぜ、手描きなのか？」と問うと、手描きのほうが、クライアントにデザインイメージを伝えやすく、ヒアリングを再確認し、より踏み込んだ内容が聞き取れるからとのこと。また、競合相手がCADでプレゼンしてくるので、手描きで勝負するという意見もありました。手描きが唯一オリジナルなプレゼンである限り、そこには無限の可能性があります。

　この本の最後に、プレゼンのヒントになる考え方をお伝えしておきたいと思います。
　クライアントの住まいに出向き、ヒアリングをするときは、アプローチまわりの庭や、玄関の靴の種類、靴箱の上の小物、廊下に飾ってある絵画、リビングのソファーやカーテン、家具などから、インテリアの好みを想像して、話題がはずむことと思います。
　でも、打合せ場所は常に相手の家とは限りませんよね。そんなとき、クライアントのファッションにも注目してみてはいかがでしょう？
　人のファッションは、インテリアの素材や好みと似ているところがあります。たとえば、ベージュの無地のワンピースでネックレスというすっきりしたスタイルの方は、ベージュ基調の、淡い濃淡のクッションやソファーなどのエレガントなインテリアを好む、そんな傾向があるように思います。また、黒のジャケットと、ベージュに柄の入ったスカートの方は、ベージュ基調のシックなインテリアでも、カーテンには柄が入っているなど……。ちょっとしたことですが、こんな観察にもクライアントの好みを探り、信頼を得られる手がかりがあるのだと思います。
　パースやプレゼンは、テクニックだけでなく、その人を知り、お互いの信頼関係の上に成り立つということを忘れないでいただきたいと思っています。

　最後に、本書の制作に関わっていただいた方々、ブックデザイン、レイアウトをしてくださった篠原孝治さん、本書のCADパースを作成していただいた冨多歌子さん、彰国社編集部の尾関恵さんには、大変お世話になり、ありがとうございました。本当に感謝いたします。

2019年1月　松下高弘

著者略歴

松下 高弘
まつした たかひろ

- 1958年長野県飯田市生まれ
- エムデザインファクトリー代表
- 元東京デザイン専門学校講師（1987〜1996年）
- 現在、E&Gアカデミー講師、
  パース・カラーリング・プレゼン担当（1977年〜）
- 中央工学校学校関係者評価委員会委員
  （2016〜2017年）

建築・土木等のパース・模型などの製作会社に7年間勤務し、みなとみらい21（三菱地所）、都庁（丹下都市建築設計、坂倉建築研究所）、東京オペラシティの新国立劇場（清水建設）、世田谷美術館（内井建築設計事務所）のコンペなどのプレゼンテーションに携わる。

1987年、建築設計とプレゼンテーションを行うエムデザインファクトリーを設立。郵便局新庁舎やかんぽの宿の郵政事業、大手ハウスメーカーの注文住宅のパース・模型製作、東急不動産（季美の森、あすみ東など）、東急電鉄（田園都市線沿線）の分譲住宅の企画提案パースを担当、製作。

現在は、古民家再生、駅前開発、スポーツセンター、保育園、介護施設など幅広い分野のプレゼンテーションの企画・提案・製作を行う一方、専門学校講師や、ハウスメーカーの社員教育、エクステリアメーカーの研修講師として意欲的に活躍中。このほか、部屋に飾る「住まいの絵」や、雑誌「ゼクシィ」掲載のウエディングハウス、ガーデンのイラストが好評を博している。

著書
『エクステリアの色とデザイン』（グリーン情報）
『住宅エクステリアのパース・スケッチ・プレゼンが上達する本』（彰国社）
『庭木専科　気になる草花、樹木をマルチに検索!!』（グラフィック社、共著）
『エクステリア・ガーデンデザイン用語辞典』（彰国社、共著）
『イラストでわかるエクステリアデザインのポイント』（彰国社、共著）

気持ちをつかむ住宅インテリアパース
スケッチ力でプレゼンに差をつける！

2019年3月10日　第1版　発　行

著　者	松下高弘＋エムデザインファクトリー
発行者	下　出　雅　徳
発行所	株式会社　彰　国　社

著作権者との協定により検印省略

自然科学書協会会員
工学書協会会員

Printed in Japan

© 松下高弘　2019年

ISBN978-4-395-32126-1　C3052

162-0067 東京都新宿区富久町8-21
電話　03-3359-3231（大代表）
振替口座　00160-2-173401

印刷：壮光舎印刷　製本：誠幸堂

http://www.shokokusha.co.jp

本書の内容の一部あるいは全部を、無断で複写（コピー）、複製、および磁気または光記録媒体等への入力を禁じます。許諾については小社あてご照会ください。